聖母文庫

生活の中に降られる神

シエナの聖カタリナをとおして

小 澤 悦 子

聖母の騎士社

はじめに

『黄金伝説』（人文書院）という本があります。この題から、この本が聖人伝であることを知るのは、副題がついていないので難しいです。

この本が書かれたのは十三世紀後半で、日本語の初版が出たのが二十世紀後半の一九七九年五月です。この本は、キリスト教の典礼暦を解説し、その間に使徒、殉教者、聖証者の信仰の生涯を、神秘と共に記しています。

聖フランシスコ・ザビエルの宣教から五百年が経ち、日本の殉教聖人たちが光の中に姿を現わしている昨今、現代人の私たちの心の中に、西欧の文学、美術、造形などへの憧れを吹き込んだ源泉が、西欧において、この『黄金伝説』であったと知るのは、この本を読んだ者は納得するでしょう。

著者は、福者ヤコブス・デ・ウォラギネでドミニコ会士です。当時の習慣として、表題も著者名もつけずに世に出した、と訳者後記にあり、初めは、『諸聖人の生涯』などとよばれていたようで、それが、〝黄金〟という美称をつけられてよばれるようになり、『黄金伝説』という読者の名づけに定着したということです。このことは、奇跡を起こすイコンが、コピーの段階で次第に黄金の飾りをつけてゆくことを思い起こさせます。この黄金は〝光輝〟を示し、感謝と賛美の表現であることは、日本人には理解しにくいことかもしれません。この本は、『聖書』の次に手写された本であり、多くの読者を得ていた本ということですから、日本でも、もっと一般的になるといいな、と思います。

まずこの本を紹介しましたのは、聖ドミニコの霊的家族の一人となったシエナの聖カタリナが、身近に接するドミニコ会士や第二会のシスターたちから、信仰の初段階において、魂の世界を方向づける三位の神の愛と、その聖旨に従おうとする美しい聖人方の生き方を聞いて、学び、その跡に従いたいと望む碇の役割をこの本が果たしたのではないか、と考えるからなのです。

今、シエナの聖カタリナをとおして、現代の私たちへの神のメッセージを読みとろうとしているのですが、カタリナが、その生涯の終り近くに、トマス・アクィナスからラテン語を学び、自筆手紙を書いた、と聖女の伝記作者ライモンド・ダ・パプアが書いていますが、このトマスもドミニコ会士です。

『黄金伝説』の作者ウォラギネは、トマス・アクィナスと同年（一二四四年）にドミニコ会に入会していますが、カタリナが生きていた時代には、この世にはいらっしゃいませんでした。百年前の人なのです。

聖人となられる方は、この世俗にあって、魂を生き、世俗を超え、自分を超え、直接に神や天使や聖人の中で生きておられたことを教えられるのです。

『聖書』が、家族の日常の中に入っていない日本では、『聖人伝』を読む楽しさを知る機会も一般的にはありません。けれども、人間として、死を帰結として受容しようとする風潮の中で、魂の普遍性、生命の喜び、愛の源である神の多様性の真理に向かって、チャレンジしてゆく人々の生き方を知ることは、特にキリスト信者には勇気を与えられます。

キリスト者として、この希望をもっと深く教えていただきたいと望み、ドミニコ会の第三会の人として、世俗にあって神の聖旨を果たされたシエナの聖カタリナに学びたいと願います。

カタリナは一三四七年に生まれ、列聖は一四六一年です。一八六六年に、ローマの守護聖人聖ペトロと聖パウロにつぐ守護聖人となられ、一九七〇年に教会博士になられました。

前述しましたようにカタリナは修道女ではなく、聖ドミニコの第三会の人で、世俗にありながら修道女としての意識で自分を律し、この世で魂を生き切った女性です。神は、十四世紀に生きたカタリナに、女性の弱い身分、無学、平民である世俗の負の部分をすべて被われ、かの女の人間としての桁外れの努力と祈りに、神秘の現存をもって応えられるのです。

1

目の前に、シエナの聖カタリナの記念像の写真があります。右手に十字架、左手にオリーブの枝を持ち、顔を天に上げている像で、シエナ一九七〇年十月一日建立とあります。聖女が教会博士となられた二年後です。

この写真の中には、巡礼者の車が写っていて、聖女を愛し、取り次ぎを願う人々がおり、花も飾られていて、聖女の助けの尽大なのを知ります。

神がそうであられるように、すべての聖人の精神はエキュメニズムですが、特にカタリナはそれを明言している聖人として、現代性があります。カタリナは、この混迷の世にある私たちに、魂で生きなさい、本当の喜びを知りなさい、と告げています。そして私は、日本人のキリスト者として、異邦人の救いを告げておられる声を聞くのです。特に聖カタリナの声は、祈りの激しさの中で、主イエスの道を示し、御父に到る門を明らかにしているように思います。

座右に於いた本は次のものです。

シエナの聖カタリナ『対話』（岳野慶作訳／一九八八年五月／中央出版社）

シエナの聖カタリナ『手紙』（岳野慶作訳／一九八九年四月／中央出版社）
ライモンド・ダ・パプア著『シエナの聖カタリナ』（岳野慶作訳／一九九一年五月／中央出版社）
ヨルゲンセン著『聖女カタリナ』（訳者不明／一九五六年一二月／ドン・ボスコ社）

現在福者のライモンド・ダ・パプアは、聖女と同時代を生き、教皇の側近としても仂いたドミニコ会の司祭で、聖女の後半の聴罪司祭として、極めて身近に現実の聖女と接したと共に、神秘家としての聖女の心に深く触れた人です。宗教家としての節度ある名文は、美しい訳と共に一読をおすすめします。

ヨルゲンセン（一八六六年～一九五六年）は、一八九六年にカトリックに戻ったデンマークの作家です。作家として、自分の足で歩き、目で見、空気を感じて具体的に聖女を浮彫りにしています。聖女の家族関係にしても、信仰との関わりでおさえていて、品格のある現代風の文章は、格調高い訳と共に、やはり一読をおすすめします。

聖女の『手紙』は三七三通残っていて、未発表の手紙も何通か発見されているということですが、私が読んだのは、翻訳出版された五十通だけです。又、『対話』についても、一六七章のうちの一〇九章が翻訳出版されていて、すべて限りある資料の中で、聖女にお会いしたことをおことわりいたします。

2

シエナの聖カタリナを、私の信仰の師とし、それを表現することによって、私たちが失いかけているキリスト者としての希望を、もう一度確認したい、という大それたチャレンジに向かわせたものに、聖女の示現の一つがあります。

この示現は、フィレンツェが当時の教皇グレゴリオ十一世に反旗をひるがえし、カタリナが両者間の和解のために仂いていた一三七六年、聖女二九歳の時のものです。

四月一日に続く夜中に、天主様は私に特にその諸々の奥義をお示しになりました。それは私の魂が肉体を離れたと思ったほどの不思議な方法でお識らせになりました。……私は現在聖なる教会が受けている諸々の迫害の奥義を知る力を受けました。来るべき幾世紀を通じての刷新と称讃とが私に予告されました。……「私は私の浄配の体から棘を抜くために、この迫害の時代を許します。……私は地上にあったときと同じように仂いています。私は縄で笞をつくり、神殿で売買する者どもを追い出しました。なぜなら天主様の家は祈りの家であり、かれらはそれを盗人らの巣に変えてしまったからです。私はそれは今日でも同じだといいます。私が人で笞をつくり、その笞で私が聖霊の賜を売買する汚れた貪欲の、吝嗇な、傲慢な商人らを追い出します」……聖い火が私のうちに増大しましたとき、私は驚嘆して、キリスト信者たちや異教徒たちが、十字架にかけられ給うたイエズス様の御脇腹の傷の中に入るのを見ました。私は望みと愛の門を通って、かれらと一緒に甘美なるイエズス様、キリスト様の中に入りました。私の父聖ドミニコ、特に愛する私の心の友ジョヴアンニそして私の霊的子供たちに伴われまして。その時かの御方は、私の両肩の上に十字架を、私の手にオリーブの木を、まさしく私の望んでおりましたものを、人々に持ちゆくようにと私に厳命しつつ置かれたのでありました。そしてそのお方は私にこう申されました。「行ってかれらにこう言いなさい。私はあなた方に大いなる喜びのおとずれを知らせます！と」

（ヨルゲンセン著、『聖女カタリナ』頁344）／
（『ライモンド・ダ・パプアへの手紙』第一ノ2）

カタリナがこの示現を受けた時の教皇庁は、法王のバビロン捕囚（一三〇五年）以降、一三〇九年からアヴィニョンにあり、腐敗しきっていました。カタリナ（彼女はまだ聖女ではありませんでした）は、主の導きで、教皇に教会の刷新をうながし、教皇のローマ帰還のために働き、ついに、教皇をローマに連れ戻すことに成功しました。

この示現は、聖女に希望と力と喜びをもたらしたばかりでなく、二十一世紀に生きる私たちにも、なお一層の希望と励ましを与えてくれます。〝時は充ちてゆく〟ことを感じさせますから。

前述しましたように、カタリナは、聖ドミニコの第三会の会員でしたが、修道女ではありませんでした。生き方は、この世にあった主イエスの生き方に合致させようとする激しい自己放棄の生き方でした。それを主は嘉されて注賦恩寵をさずけられました（『対話』第八四章）。

カタリナは、『対話』及び『手紙』のあるものは自筆されたといわれますが、殆んどは脱魂中の口述です。そして、主イエス、聖母、使徒、ダビデ、聖人、聖女方と、親しく顔と顔を合わせて話し、共に祈り、歌い、歩いていました。この世にあったときから、カタリナは天の世界に生きていました。カタリナの信仰はこれらを可能にしたのです。

カタリナは、イタリア北部シエナに、一三四七年三月二五日、聖母マリアのお告げの祝日に生れました。この日は枝の主日に当っていたと記されています。

シエナの画家アンブロジオ・ロレンツェッティのフレスコ画に、一四世紀のカタリナが生きていた頃の風景を見ることができます。

左半分に石積建築の立派な都市が描かれ、着飾った女たち、騎上の人物、商人たちの姿があり、右半分には田園風景が描かれていて、さまざまな姿の都市から出る人、入る人が描写されています。

樺山紘一著『ヨーロッパの出現』(講談社)を見ますと、すでに一三世紀には商業が充分に発達をとげ、城壁に囲まれた都市がヨーロッパ各地に現れ、人間、品物、技術の収集が行われ、都市生活のルールも出来ていました。技術は、パン焼き、家具の細工、機織、靴屋、鍛治屋、石工、陶工等で、技術者や商人は店をかまえ、助手をやとい仲間を作ってギルドを形成していました。

カタリナの父親の職業は染物業で、子供たちの他に雇用人もいる豊かな生活の中でカタリナは子供時代を送っています。

父親の名はジャコモ。信心深い仂き者で、母親の名はラパ。その間に二五人の子供がおり、彼女は二三番目の双子の姉として生れています。彼女の双子の妹は、生後数日で亡くなっています。

母親のラパは、一番カタリナを可愛いく思っていたようで、現実的な性格とこの世的な愛情でカタリナをしばり、このことが逆に彼女の信仰の神秘性を助長したように思います。

カタリナが生れた一三四七年という年は、ペスト発生の年で、シチリア港から始まり、ジェノヴァ、マルセイユへ伝染、翌年にはドイツ、フランス、イングランド、スペイン、アフリカに及び、一三四九年には全ヨーロッパを覆うまでになっています。

ペストは黒死病といわれるように、リンパ腺がはれ、高熱のため肌が枯れ、黒紫色に変色して数日で死亡する伝染病で、その伝染力は早く、空気伝染もする恐ろしいものです。

ペストでカタリナの姉ニコラが、一三四九年その夫パルミエーリ・デラ・フォンテと共に死んでいます。この姉夫婦に息子がいて、二〇歳だったトマーゾ・デラ・フォンテは、カタリナの家に引き取られ、後に聖ドミニコの修道者となります。子供の頃の良き先生であったようで、彼女の最初の聴罪司祭となり、彼女の言動を記録し、資料の一つとなっています。

カタリナは、ペスト発生の一三四七年に生れ、主の御死去の年齢と同じ三三歳の一三八〇年に死去しています。これらの年が、どのような歴史状況に置かれていたのか、背景として見ておきたいと思います。

ヨルゲンセンは、シエナで殉教した聖アンサーノのことを記しています。四世紀の人といいますから、カタリナの生れる千年前の人です。アンサーノの父は異教徒で、母がキリスト教徒でした。アンサーノは十二歳で受洗し、すぐに宣教活動に入ったと記されています。日本の武士社会と比較するのは変ですが、十歳で元服、すぐ戦場に大将として赴くこともあったことを思えば納得できます。アンサーノは、ローマ、アクワペデンテを経てシエナに宣教に来ます。この時代、シエナにはキリスト教徒は一人もいなかったといいます。

カタリナが歩いた道には、かつてのローマ執政館がありますが、アンサーノは、そこの総督の前で信仰告白をし、拷問を受け、二〇歳で殉教した聖人で、この聖アンサーノの血によって、シエナにキリスト教が定着したのです。

それ迄のカトリックの歴史を見ますと、五二九年ベネディクト修道院創立、ケルズ本の成立が九世紀初頭。九一〇年クリュニー修道院創立。一〇九六年シトー派の修道会創立。ゴシック様式が生れたのが一一四〇年頃。一一六三年パリのノートル・ダム大聖堂建立。一一九四年シャルトル大聖堂建立。十三世紀に大学が成立しています。

カタリナが眠っている時に書き方を習ったという先生の一人トマス・アクィナスが『神学大全』を出したのが一二六五年。そして、一二九五年にマルコ・ポーロが中国から帰っています。

ダンテが『神曲』を執筆し始めたのが一三〇四年。その翌年法王のバビロン捕囚があり、一三〇九年に教皇庁はアヴィニョンに移っています。

カタリナのこの世での一大事業は、アヴィニョンに奪われた教皇庁を、使徒聖ペトロ殉教の地ローマに戻すことでした。この時の教皇はグレゴリオ十一世、この教皇へカタリナが送った手紙は十四通のうち六通が翻訳されています。アヴィニョンの教皇庁は、カタリナが宮廷と呼んだように神の家ではありませんでした。カタリナは、その生涯の後半を、主の呼びかけに応えて教皇庁をローマに戻すため献身し、ついに一三七七年一月二〇日夕刻、グレゴリオ十一世はローマ市民の歓呼に迎えられて聖ペトロ広場に到着するのです。

翌年一三七八年三月二七日、グレゴリオ十一世が死去し、ウルバノ六世が選出されましたが、それを不満とした枢機卿たちは、クレメント七世を選出、ウルバノ六世に対してアヴィニョンに教皇庁を立て、教会分裂を引き起こします。カタリナは、それを偽キリストとして、ウルバノ六世に献身するのです。

教会分裂が終る一四一七年、カタリナは帰天しています。

グーテンベルグが活版印刷を開始したのが一四五〇年頃。そしてイエズス会結成が一五三四年。これが日本の宣教につながるのです。

カタリナが生れた一三四七年の日本は、南北朝分裂の時代です。南北朝が合一されたのが、カタリナ死去一四年経た一三九二年。これに尽力したのは足利義満でした。

3

『聖書』の中の神は、常に前もって預言された歴史の中に姿を現わされる神です。カタリナに現われた神も同じ神であることを、多くの研究によって証され、カタリナは聖人となられました。現実を真実に変えたからです。

詩篇作者は告げます。神は生きておられ、すべてを見透される、と。

デュルウェル師（レデンプトール会）は、その著書『エウカリスティア』（サンパウロ出版）の中で、神学は、主の言われることは真実か、とは問わず、主よ、あなたの言われることをよく理解できるように助けてください、と願うのである、と言われています。そして、キリストは栄光をお受けになられたときに、世界の終末となられたのである、と。師はまたこうも言われています。主の死と復活の日に、アルファとオメガの留金は、イエス・キリストにおいて閉じられた、と。

キリスト者の信仰はこの中にあると思います。カタリナの信仰はまさしくそれを現実に生き、イエス・キリストとの一致を求めながらの天に向かう旅でした。

カタリナは世俗にありながら、激しく望みを発展させ、観想と実生活の一致を成し遂げた聖女です。けれども、前述しましたように、特別な環境に生れたわけではありません。私たちと同じように普通の家に生れています。違いは、霊魂の飢え、真実への飢え、他者への愛を誰よりも多く持っていたこと、それ故に神は、試練をとおして教え導かれました。

神の導きには三つの柱がありました。一つは示現、二つ目は教示、三つ目に試練です。この三つを見てゆきたいと思います。

カタリナを神に引き寄せた、原風景ともいえる示現を、古い聖人物語が伝えることとしてヨルゲンセンがその著書『聖女カタリナ』で記しています。

これはカタリナ六歳のとき、兄のステファノと共に母の用事をすませて家に帰る道すがら見た示現でした。

眼をあげたとき、彼女は谷の向う側、説教師修道会（ドミニコ会）の聖堂の出張り室の上の方に、威厳ある荘麗さをもって整えられた荘厳な玉座を認めたのであります。その玉座には三重冠を戴き、教皇の祭服をまとわれた救世主イエズス・

キリスト様がおられました。イエズス様のお側には、枢機卿たち、使徒ペトロとパウロ、そして福音史家聖ヨハネが見出されました。この光景にカタリナは立ち止り、驚ろきに打たれ、御主が御自分の愛をかの女に証すために、このように奇跡的にお現われになった己が救世主を凝視したのでありました。そのとき救世主は、カタリナの上に御目を注がれ、愛をこめてほほえまれ、右手を伸べて十字架の印をされたのでありました。ちょうど司教様が司教座聖堂でその祝福をお与えになるときのように。この永遠の御者の御祝福が余りにも力強かったものですから、かの女は心を奪われて、もとよりおののいておりました。この子どもは、人々や動物の行き来するさ中、眼を天の方に上げ、公道の上にそのままじっと立ちどまっていたのでありました。

（『聖女カタリナ』）

ここには、すでにカタリナの召命が見事に示されています。三重冠、天と地と地下の国の王であるキリストは、教皇の祭服を着けて現われ、カタリナに呼びかけて彼女の人生を決定的なものにしています。

カタリナにとってこの示現は教皇選挙で選出された教皇の不可侵性を生涯疑わ

せず、グレゴリオ十一世をアヴィニョンの魔屈からローマに連れ戻すその献身の基盤となり、教会分裂を引きおこした枢機卿たちと戦い、ウルバノ六世に献身する力になっています。そして、この示現に現れた使徒や聖人方と、カタリナは大人になって親密に交わりを持つことになるのです。

この示現で、六歳の少女カタリナは、主が自分を愛しておられることを眼で確認する体験をしました。それは汚れのない心に焼きつけられ、主の愛に応えるにはどうすればよいかを考えさせます。そして、いにしえの聖人にならって人知れず苦行に入り、出家の決意を固め、貧者にほどこしを与えることを実行するのです。

これらが露見したとき、カタリナの家族、特に母親は心配し、結婚させて普通の娘の幸せを得させようとします。カタリナはそれに従う誘惑の喜びに陥ることもありましたが、この世俗のしがらみを、沈黙と家族への奉任によって乗りこえ、協力者に変えてゆきます。

この間に迷いがなかったわけではありません。その度に、彼女は自分自身の禁域、彼女が独房と呼ぶ心の自室、霊魂の場にこもり、神が取るに足りない自分を愛して下さっていることを確認して、試練を忍ぶ力をつけてゆきます。六歳の時に神がカタリナに与えられた示現は、その意味と深みを増してゆきます。カタリナは主を黙想し、主に語りかけるのです。主はそれに答え、教え導き、カタリナの霊魂を神との一致に向かわせます。

この神との交わりを、彼女は晩年『対話』として残されました。彼女の人生の支柱となったみ言葉、み教え、それが『対話』です。

『対話』が書き始められたのは、後述しますフィレンツェのグレゴリオ十一世教皇への背離事件が、カタリナの祈りと行動によって、次の教皇ウルヴァノ六世との和解によって解決し、シエナに戻った一三七八年八月頃で、終ったのは十月頃と、ライモンドの著述にあります。

今私たちは、カタリナの人生を決定する一つの示現を見たにすぎません。そして、少女の祈りと生き方の中に聖性の発芽を見ました。主に語りかければ答えてくださることを知ります。この現代の時の流れの早さに逆って黙想するとき、見過してしまってはいけないものに気付かされます。

神の誉れと霊魂の救いとに対するきわめて大きな望みに悩まされている霊魂は、自分自身を乗りこえて、しばらく、通常の善徳の実行にはげみ、自分に対する神のいつくしみを理解するために、自分自身の独房にこもる。なぜなら、愛は認識に従うものであり、霊魂は、愛しながら、真理に従い、真理をまとうよう努めるからである。自分自身と神との認識にもとずく謙遜で引きつづいた念祷ほど、霊魂にこの真理を味わわせ、光明をもたらすものはない。このように理解し実行した念祷は、霊魂を神と一致させる。霊魂は、望みにより、愛の一致によって、十字架につけられたキリストに従うとき、別の自分になる。（『対話』第一章）

この言葉から『対話』は始まります。

ここでカタリナの神との対話が、「神の誉れ」と「霊魂の救い」を目的に始められたことが分かります。

私は心理臨床の現場でいろいろな問題を持つ人に出会いますが、問題が現実対処で終ることはほとんどありません。自分の心の在り方を明らかにし始めるからです。それに気付いたとき、去る人もいますし続ける人もいます。

続ける人の問題は、自分の生き方に変って行きますが、そういう人にお会いするとき私は信仰を持つ恵みに感謝します。祈りで委ねてゆきますが、苦しいセラピーほど学ぶことは多く、それが霊魂をかい間見させ、喜びを深くするからです。けれども、そこにまた大きな落し穴があって、神への感謝ではなく自己賛美へ向かう人がいます。この穴は深い。私は告白しますが、逃げたい思いになって一緒にその穴におっこちます。そして、カタリナを通して語られるキリストのおっしゃる謙遜を、少し理解するのです。

念祷というのは祈りのひとつの段階で、黙想から念祷へ、念祷から観想に入ると教えられます。この道は、イエス・キリストを愛をもって見つめ、その愛にとけるまで祈りつづけることと私は理解しています。これを教えてくれたのはクライアントの一人でした。私は時々心理瞑想を入れますが、かの女は、自分を守る一人の男性に出会い、通過儀礼を果たし、すべてを神に捧げたとき、その男性と一体となってとけてしまうという体験をしました。その甘美さは言いようもない程だったと聞きました。ユングは、男性の中には女性が、女性の中には男性がいて、アニマ、アニムスとして一体となって完成すると言います。

『対話』の第一章の中で、神は、「私を見つめなさい」と言われます。これは、人間の尊厳と美を見るために、です。私たちは神が私たちを神の似姿に造られたことを教会で教えられますが、ここで神は、「霊魂をわたしの似姿として創造した」とカタリナに言われています。肉の体ではない、霊魂の体があるのだと。見える美しさではない見えないところにある美しさを見なさい、と。

とかく私たちは見えるものにだまされ、それを追いかけますが、主と共に、愛によって神とひとつになっている人たちがいるのを見つめなさい、と導かれているようにも思えるのです。

もし、あなたが、この人々は誰か、とたずねるならば、わたしは愛の甘美な〝言葉〟と同じように答えよう。「彼らは別のわたしである。なぜなら、彼らは自分の意志を脱ぎ捨てて、わたしの意志をまとい、わたしの意志に一致し、これとひとつになっているからである。」

（『対話』第一章）

カタリナは、霊魂は愛によって神と一致することは真実であることを悟り、もっと真理を認識して、これに従いたいと望みます。そして次のように考えて、御父に四つの願いをささげます。これがカタリナの生涯を通しての祈りであり、行動の原点でした。

人間はまず自分自身にとって有益でなければ、すなわち、自分自身のために善徳を所有し、獲得しなければ、その教えにより、その手本により、その祈りによって隣人のために有益な者となることはできないのを考えて、その望みを高め、至上かつ永遠な「父」に、四つの願いをささげた。

第一は、自分のためである。

第二は、聖なる教会の改革のためである。

第三は、全般的には、世界全体のため、個別的には、はなはだしい不敬と不義とによって、聖なる教会に反抗しているキリスト者の平和のためである。

第四は、世界の全般的な需用と、発生した特殊な状況とのために、神の「摂理」のご配慮を祈るためである。

(『対話』第一章)

カタリナが御父にささげた第一の願いは、完徳を収めることです。

私たちが忘れてはならないことは、彼女が二本の柱を建てていること、「神の栄光」と「霊魂の救い」のために、キリストの呼びかけに応えようとしていることです。この中に、この四つの願いが入っています。

前述しましたように、神は人間に、自分の似姿として霊魂を与えておられることをカタリナに教えておられます。この霊魂を、この世の死ぬべきもの、腐敗するもの、消え去るべきものから救い出すこと、そのために真理を求め愛によって神と一致することを自分に課したのでした。これが第一の願いです。

第二は、キリストから依託された聖座の改革です。カトリックの歴史には枢機卿たちの堕落が記されています。さまざまな物心両面の贅による快楽、権力欲、愛の欠落からくる悪徳の数々から、聖座を浄め、教会を浄める願いです。主イエス・キリストが願われたように、教会を父の家、祈りの家、主のおられる家に戻すこと、このためにカタリナは献身します。

第三は、御父の平和の実現で、小さくはキリスト者の一致でしょう。そして、前述した二九歳の時の示現の実現、世界の人々がすべて、神からさずかった霊魂の存在に気付き、神に栄光を返し、平和を実現すること、これを願っています。

第四は、神への絶大なる信頼で、どのような状況にあっても、常に神の摂理は仂いており、とはいえ、それに対して人間として神の配慮を乞い求めるものです。

カタリナは神との語らいを、祈りと願いの中でそしゃくし、実行していきます。それはたくさんの手紙と行動の中に現れています。その手紙は教皇グレゴリオ十一世、教皇ウルバノ六世、枢機卿たち、国王、女王、伯爵、ライモンド・ダ・パプア、修道者、修道女に及んでいます。私はこれら五十通しか読めませんでしたが、この他に親しい友人やその他にあてたものもあると推察しますが、その中にあふれる願いの強さは、教皇はじめすべての人々の信仰を支え励まして行動を起こさせています。

4

カタリナの最初の聴罪司祭は、両親をペストで亡くして、カタリナの父が引き取った姉の子供のトマーゾ・デラ・フォンテでした。

後年もう一人同じドミニコ会修道司祭、ライモンド・ダ・パプア聴罪司祭を与えられます。カタリナはライモンドを「霊的父」「息子」と呼んで、自分の受けた示現、信仰の神秘を伝え、ライモンドはそれによって、カタリナの死後『シエナの聖カタリナ』を著述します。

その著書の第二部第一章に、主がカタリナを行動に誘い導かれる様が記述されています。

天配は、かの女が地上の事物を脱ぎ、世のけがれを洗い去って、観想の床に休んでいるとき、かの女を呼びさまされた。そして、戸を開けるよう要請された。この戸は彼女自身の戸ではなく、他の霊魂の戸である。……主の声は、労作のために休息を、騒ぎのために寂境の平和を、公共の広場のために独房の静修を放棄しなければならないと教える。

（『シエナの聖カタリナ』第二部第一章1）

カタリナは、この主の声に『雅歌』の花よめと同じ答えを返します。「わたしは地上的事物の服を脱ぎました。それを遠くに投げ捨てました。どうして、また着ることができるでしょう。わたしは、わたしの行くところにわたしを運ぶわたしの愛情の足を、罪の泥から清めました。どうして、世の埃のなかで、またよごすことができるでしょう」と。この神との対話のときカタリナは嘆き悲しんだと記されています。主は言われます。

「開けてくれ。わたしが入ることができるように。あなたの熱誠によって、霊魂の戸を開けてくれ。わたしの羊たちが牧草を探しに行く道を開けてくれ。わたしのため、わたしの誉れのために、真理と恩寵との天上的宝庫を開け、それを信徒の上に注がせてくれ。開けてくれ、同じ人性をもつわたしの妹よ、内的仁愛によるわたしの友よ、精神の単純なわたしの鳩よ、霊肉の純潔なわたしのけがれなき者よ。」

（同章2）

カタリナは、主が独房を去って人々と対話するように命じるたびに、激しい悲しみを感じ、心が張り裂けるようだった、とライモンドは記しています。

この心の呼びかけへの往来はカタリナの訓練となります。世俗を捨て、主と交わる喜びの中にいるカタリナにとって、世俗にまた戻ることは恐怖であったに違いありません。それは主から離れ、見捨てられる恐れと共に、自分の弱さへの自確であったと思われます。

御意志を変えて下さい、と哀願するカタリナに主はお答えになられます。

「いとしい娘よ、安心するがよい。あらゆる義を実行し、わたしの恩寵をあなたと他の人々とのなかに実のらせなければならない。わたしはあなたから離れようと望まないばかりか、隣人に対するに愛を介して一層あなたと一致したい。あなたも知る通り、わたしの愛には二つの掟がある。わたしを愛し、隣人を愛さなければならない。歩くためには二本の足が必要だし、天に向かって飛ぶためには二つのつばさが必要である。あなたが忘れてはならないのは、若い頃、わたしがあなたの心に与えて成長させた霊魂に対する熱誠のあまり、男の服をつけ、国を出て、説教者兄弟会に入り、隣人の改心のために仂きたいと考えたことである。あなたがいま着けている服をあんなに熱望したのは、特に霊魂の救いのために、その修道会を創立したわたしの忠実なしもべ、ドミニコに対する特別な信心のためであった。あなたが子供の頃から行きたいと望んでいたところにあなたを連れて行くのを、どうして驚きあやしむのか。」

（同章4）

カタリナは、この道理あるお言葉に少し落ちついて、マリアのように、「どうしてそうなるのでしょうか」と尋ねたとライモンドは記し、主は、「わたしのいつくしみが望み、命ずるように」とお答えになられたのです。

カタリナの返事は、マリアと同じ「み旨が成就しますように」ということでした。

私たちは『聖書』の中で、神はすべてをご存知でおられることを教えられます。このことは詩篇作者や預言者たち、また特別に選ばれた人たちだけに当てはまるのではないことをここで教えられます。カタリナは、自分のもう忘れてしまっているような子供のときの心の中の望みを、主に言い当てられ、増々信頼を深くしたのではなかったでしょうか。けれどもここに当然起こってくる疑問があります。彼女はそれを主に尋ねます。

「……主よ、おたずねしますが、わたしはどうすればあなたのお言葉を実行することができるでしょうか。こんなに弱く、みじめなわたしが、どうして霊魂たちの役に立つことができるでしょうか。ご存じのように、それは多くの理由で、わたしのような女性にとって危険であります。女性は男性に対してなんの権威ももちません。それに、かれらとしばしばかかわりをもつのは、適当ではございません。」

主は、大天使ガブリエルが聖マリアに答えられたように、「神には不可能なことはない」と答えられました。（同章4）

神のいつくしみと真実は、「神には不可能なことはない」という言葉について、私たちがいつも祈る「全能の神よ」という全能の意味を、カタリナが理解できるように、また彼女の召命を一層深く増大させるために話されます。ライモンドは書いています。「書いているうちに、完全に忘れていた多くの言葉を思い出すことである。それはいかにも驚ろくべきことで、カタリナが現存していて、わたしに口述しているように思われるほどである」と。そして、神がカタリナに話されたことを記しています。

わたしは世界を創造し、男と女とを形づくったではないか。わたしの霊の恩寵は、わたしが望むところに吹く。わたしにとって性と身分とのちがいはない。わたしにとって、天使をつくるのも蟻をつくるのも、地をはう虫をつくるのも新しい天をつくるのも、同じように容易である。わたしについて、「望むことはすべて実行する」（詩篇115・3）と書かれている。精神が考えることで、わたしのできないことはない。なぜ方法について心配するのか。わたしは、わたしの意志を実行するのに、いつも方法を見出すことができるではないか。あなたがそのようなことを言うのは、謙遜によるのであって、不従順によるのでないことは知っている。あなたに知ってほしいのは、このごろ、人間の傲慢はいかにもはなはだしいことである。とくに知者、学者と自任する人々の場合そうである。わたしの正義はこれを我慢することができない。正しい裁きによってかれらを恥じ入らせたい。しかし、わたしのあわれみは、わたしのすべての業とともにある。それゆえ、わたしはまず、かれらに有益な恥辱を与えたい。……わたしが、本性上無知で弱い女性、それでいて、わたしの恩寵によって、知者であり強者である女性を送るのは、男性の傲慢を恥じ入らせるためである。かれらが自分を認識し、自らへりくだり、このかよわいけれども祝せられた器のなかで、かれらに提供する教えを利用するならば、わたしはかれらに対して、あわれみにあふれるであろう。しかし、かれらがこの有益な恥を軽蔑するならば、かれらに屈辱を送るであろう。かれらは、すべての人の笑い物になるであろう。これは、わたしが傲慢な人々に下す正しい罰である。かれらが高ぶれば高ぶるほど、わたしは、かれらをかれら以下に引き下げるであろう、あなたは、ためらわずにわたしに従うがよい。わたしは、あなたがおおやけの前にあらわれるのを望んでいる。わたしは、どこにでもあなたについて行くし、あなたを訪れつづけるし、あなたを導いて、なすべきことを実行させるであろう。」

（『シエナの聖カタリナ』第二部第一章4）

カタリナが生きたのは十四世紀、私たちは二十一世紀に生きています。女性の地位はまだまだ低いとはいえ、十四世紀とは格段の相違があります。家庭の中では、しばしば妻は夫より権力をふるっていますし、夫は働き蜂となり、家に帰っても自分の居場所がなく、外で憂さを晴らして帰り、夫婦の溝は増々深くなる場合があります。子供がいれば、その夫婦、つまり自分の父母の姿を観察し、結婚への夢をなくし、心に問題をかかえることになります。

いい仕事につくこと、これは世間体のいい仕事、高額賃金と出世、一流会社での安定等、いろいろあり、親たちはそれを望みますが、子供たちは今それにそっぽをむいています。彼らは面白い仕事、なるべく責任を取らず、嫌になればすぐ止められて、自分の好きなこと居心地のいい所に逃げようとしています。面白いTV番組、ビデオ、不特定な人とのメールのやり取り、自分の実生活とは関わりのない架空の遊びへのチャレンジ等々へ。彼らは大人になることは夢のない世界、つまらない世界に入ることだと信じこまされています。

私はシスターたちにお会いする機会を持ちました。信仰の専門家たちです。長い修道生活の間に、彼女たちは世間一般の人と同じように、否もっと生活の保障を受けてきて、その中で権力欲を養っている人が生れています。その第一は司祭職につく願望でした。たまたまその中の或る人にテストをすることが許されて驚ろいたことがあります。彼女は、時代は女性の司祭職に開かれているといい、多くの仲間たちの賛同を得ているようでしたが、それを成就するための道は準備されていませんでした。修道女になった理由が家族の問題と関わっているらしいと気付きましたが、深く話し合うことなくお会いする機をなくしました。

主はカタリナに、「わたしにとって性と身分とのちがいはない」と語られましたが、女性を司祭職に召されたわけではありません。神を愛すること、神を賛美すること、隣人を愛することにおいてその違いはない、ことを証するために選ばれたのだと思います。

信仰を持つ恵みの中で、心理臨床の現場で私が学んだことは、まず現実の問題が現れ、次に心の問題、そして最後に霊魂の問題が現れることでした。一般の心理臨床家は、対人関係にほどほど付き合えるようになることを治療の終りとしています。けれども、これはキリスト者としては納得できません。見せかけ、義理、ひとりよがりで、その間合いをとっても何になるでしょう。愛の連鎖は、家庭の生活の中で受けつがれ、信仰も養うのです。

今の子供たちの問題と司祭になりたい修道女の問題は同一線上にあると気付かされたのです。それは、喜びを自分に集めたいという目立ちたい願望で、カタリナが御父に願った第一の願い、自分の中に善徳を集め神と一致することの欠如です、つまり、神が御自分に似せて造られた霊魂へ向かう祈りの欠如、自覚のなさ、自己認識への欠如です。修道者は自己放棄によって第一歩を踏み出しますが、聖人方が教えられるように専門家として神に依託された使命をはたすためには、常なるこの世との関わりの自己放棄を要求されていると私はそこで学びました。

主に呼ばれたカタリナは、子供の時から自分が考えた先人に習う苦行と善業の中で観想に入り、家族のための奉仕と祈りの静安を得ました。ところが、神は、彼女を世俗へ呼び戻されるのです。神はカタリナに、「同じ人性をもつわたしの妹よ」と呼びかけておられます。

「人性」を『広辞林』でひくと、〝人間の持っている自然の性質〟〝人間本然の性質〟とあります。

私たちはイエス・キリストが、人間となられた神であることを信じていますし、この方のご人性には愛しかなかったことを信じています。カタリナは主から、あなたの人間としての本然の性質は愛なのですよ、と教えられたのです。彼女はその呼びかけを、人間すべてに呼びかける神の声と理解していきます。が、出発点は罪人としての自覚でした。これについて、『対話』の第二章に詳しく載っています。

カタリナは、ライモンドから、神の尊厳に対する侮辱、霊魂の亡び、聖なる教会に対する迫害による苦しみと耐えがたい悲しみを述べた手紙を受け取ります。この手紙から、カタリナは二つの感情を体験します。一つは、神に加えられる侮辱について感じる悲しみで、もう一つは、神がこれほど大きい悪について配慮してくださるという希望から生じる喜びでした。

カタリナは祈ります。

「ああ、永遠の父よ、わたしは、わたし自身をあなたに訴えます。この過ぎ去る時のあいだに、わたしの侮辱を罰してください。そして、わたしの隣人が負わなければならない苦罰は、わたしの罪が原因ですから、どうぞ、その代りにわたしを罰してください。」

（『対話』第二章）

自分の罪のゆえに悲惨はあり、それゆえ、つぐないとしての苦罰は引き受けます、というこの祈りは、希望の中で生涯続きます。そしてついに、犠牲として飲食物をとらず、睡眠もとらずに祈り、御聖体のみで生きるようになります。しかも、果たすべき仕事には、明かるく元気に変わらない態度でのぞむのです。カタリナを支えた力、それは復活した現存の主との語らいだったと思います。温かい励ましとさとし、それが彼女の心を一そう神へ向かわせました。

前述のカタリナの祈りに対して、神は罪について、罰について、つぐないについて、苦しみについて教えられます。

いとしい娘よ、わたしはあなたに、過失は、この限りある時間においては、ただ罰という名目だけで凌いだどんな罰によっても、つぐなわれないことを示した。あなたに話したように、それは望みと愛と心の痛悔とをもって、しかも罰としてではなく、霊魂の望みとして耐えた苦しみによってつぐなわれる。望みは、すべての善徳と同じように、わたしの「ひとり子」、十字架につけられたキリストによってしか価値を持たないし、それ自体のなかに生命があるのではない。……霊魂はかれのなかに愛を汲み取り、善徳によってかれの跡に従わなければならない。苦しみの価値はそこから生れるのであって、他から生れるのではない。つまり、苦しみは、わたしの「いつくしみ」に関する愛すべき認識のなかで獲得した甘美で一致的な愛により、そして、自分自身と自分の過失との認識によって生ずる心の痛みと悔みとによって、過失をつぐなうことができるのである。この認識は、罪と官能とに対する悔みと憎しみとを生む。それによって、甘美な「真理」が語ったように、霊魂は、自分が罰を受けるにふさわしく、報いを受ける価値がないことを認めるようになるのである。要するに、霊魂は、心の痛悔、まことの忍耐に対する愛、誠実な謙遜によって、自分が罰を受けるにふさわしく、報いを受ける資格がまったくないのを認め、すでに話したように、謙遜に、忍耐して、つぐないをはたすのである。

（『対話』第四章）

人間は大きく三層に出来ていると考えると分かり易いと思います。まず目に見える肉体、目には見えませんが、肉体を行動へと動かす心、そして神の似姿としてつくられた霊魂です。霊魂は一番分かりにくい存在ですが、信仰者は、これが決定的な存在であることに気付いています。

『対話』第九三章で、神は、人と物と自分の官能を神としている人のことを教示されています。他人からの称賛、沢山の物そして自分の官能の満足を求める人は、それらを神としているのだ、と。これらを愛しているので、それらを奪われるとき苦しむのである、と。

この人たちの心は、神の似姿である霊魂から遠く離れ、人のものを盗んででも自分をよく見せようとします。神は言われます。「官能的な自愛心が、至聖なる信仰のひとみのとばりとなっているので、真理を見ることも、認識することもできないのである」と。そして、「隣人に対する憎しみ、殺害、嫉妬、神のしもべたちの善徳に対する反感を生む」と。

現代の私たちは常にこの誘惑にさらされていると言っても過言ではありません。心を神に向けて、私たちの霊魂を、この肉の官能的自愛心から、祈りの恩寵によって救済しなければならないのです。

　同じ章で神は言われます。「かれらは、舌はもっぱらわたしに栄誉をささげ、自分の過失を告白し、愛によって善徳と隣人の救いとに尽くすために与えられていることを忘れている」と。そして重要なことを教示されます。


　かれらが満足することができないのはどういうわけであろうか。朽ちるものしか探さないからである。ところが、かれらの存在は無限である。かれらのなかにある恩寵は大罪によって死滅するけれども、かれらの存在は決して終わることがない。人間はすべての造られたものの上にある。造られたものが人間の上にあるのではない。それゆえ、人間は自分より偉大なものの中でしか、満足することができないし、安心することができない。かれの上には、永遠の「神」であるわたし以外にはなにもない。したがって、わたしだけがかれを満足させることができるのである。

（『対話』第九三章）

5

神はカタリナが願ったこと、神への侮辱をつぐなうために彼女が苦しみを引き受けること、そして、真理である神を認識し、愛する意志を授かる願いを確認し、次のように言われます。

あなたが、「永遠の「真理」であるわたしを完全に認識し、わたしを味わいたいと思うならば、その方法は次の通りである。決してあなた自身の認識から逸脱してはならない。謙遜の谷に降りたままでなければならない。あなたは、あなたの中にいる「わたし」を認識している。この認識から、必要なすべてのものを引き出すがよい。どんな善徳も、仁愛によらなければ、そしてまた、仁愛の乳母である謙遜によらなければ、それ自体のなかに生命を持つことができない。あなた自身の認識は、あなたに謙遜を教えるであろう。なぜなら、あなたはあなた自身で存在するのではないこと、あなたの存在は、あなたが存在する以前から、あなたがたを愛したわたしから授かったことを、あなたに示すからである。わたしが、あなたがたに対して抱いたこの名状することのできない愛によって、わたしはあなたがたを恩寵によって再創造したいと思い、あれほど偉大な愛の火によって流されたわたしの「ひとり子」の血のなかで、あなたがたを洗い、再生させたのである。

（『対話』第四章）

十字架刑というローマの法律上の刑を甘んじて受けられたイエス・キリストは、ローマの総督ピラトにさえ、罪を見出ない無罪の人です。普通の人間的心情から言えば、聖パウロがコリントの信徒への手紙で「十字架の言葉は、滅んでいく者にとっては愚かなものですが、わたしたち救われる者には神の力です（一ノ一八）」「……ユダヤ人にはつまずかせるもの、異邦人には愚かなものですが……（一ノ二三）」と言われるように、愚かさの方が際立っています。

けれども、両手両足を釘で打たれ、笞打たれ、平手打ちをあびせられ、つばをかけられ、罵声をあびせられ、衣服をはぎ取られて十字架上で死ぬイエスが、「父よ、彼らをお赦しください。自分が何をしているのか知らないのです（ルカ二三ノ三四）」と、取りなしの祈りをして亡くなった方であると知るとき、復活を信じられない人でも、この優しさと神への信頼の深さの中に、人間性の愛の極限を見出せるのではないでしょうか。

『聖書思想事典』の「十字架」の項は、次のように記しています。

イエス・キリストは十字架につけられて死んだ。あがないの道具として使われた十字架は、死、苦しみ、血などの語と共に、人類に救いの希望を暗示する重要な言葉の一つとなっている。もはや十字架は恥辱を意味するものではなく、逆に、まずイエスにとり、次に信仰者にとり、一つの要請を意味するとともに、彼らの栄光の称号ともなっている。

（『聖書思想事典』）

カタリナに語られたように、神は私たち人間のすべてを、神の恩寵によって〝再創造〟したいと思われ、キリストの流された御血によって、その御血の中で、私たち信仰者を〝洗い〟〝再生〟させてくださった、と言われるのです。イエス・キリストは、その御父の望まれる私たちの霊魂の救済のために、全くの愛になられて従順に応えられ、罪人が、御父の家に帰るための橋（『対話』第二一章〜

三〇章）となられたのでした。神との和解への道を開かれたイエス・キリストに従うことは、カタリナにとって平和を願う祈りと行動につながっていくのです。それは苦しみと解放の連続でした。

前述しましたように、神はカタリナを観想から世俗へ呼び戻されたとき、「あなたが子供のころから行きたいと望んでいたところにあなたを連れて行くのを、どうして驚きあやしむのか(『シエナの聖カタリナ』第二部4)」と言われています。これは天の国のことでしょう。そして、神はその道は十字架の道しかないことを告げられたのでした。これが自己放棄、苦しみと解放の愛の道であること、天に到る道であることをカタリナは悟ったのでした。

私はここで思い出します。カタリナ二九歳の時の示現と、『ヨハネ黙示録』七章九節からの、白い衣を着た大群衆の項をです。これは福音記者聖ヨハネが見た示現です。

長老の一人がわたしに問いかけた。「この白い衣を着た者たちは、だれか。またどこから来たのか。」そこで、わたしが、「わたしの主よ、それはあなたの方がご存じです」と答えると、長老はまた、わたしに言った。「彼らは大きな苦難を通って来た者で、その衣を小羊の血で洗って白くしたのである。それゆえ、彼らは神の玉座の前にいて、昼も夜もその神殿で神に仕える。玉座に座っておられる方が、この者たちの上に幕屋を張る。彼らは、もはや飢えることも渇くこともなく、太陽も、どのような暑さも、彼らを襲うことはない。玉座の中央におられる小羊が彼らの牧者となり、命の水の泉へ導き、神が彼らの目から涙をことごとくぬぐわれるからである。」

（『ヨハネ黙示録』七ノ一三〜一七）

イエス・キリストの御血で洗った白い衣を着たこの大群衆は、あらゆる国民、種族、民族、言葉の違う数えきれないほどの大群衆であると福音記者聖ヨハネは記しています。カタリナは示現でキリスト信者たちや異教徒たちが、十字架上のイエス・キリストの槍でつかれた御傷の中に入るのを見ています。この御傷から、罪の洗い浄めの水と、魂を救済する御血が流れ出たことを私たちは学んでいます。

カタリナは、神からの示現を伴う教えによって増々信仰を深め、主の要請により、たくさんの手紙を書きますが、その初めに殆ど〝貴い御血においてお手紙を差し上げます〟と記しています。

前述した『ヨハネ黙示録』の示現の前に、イスラエルの十二部族の人々の救済が記され、その後に全世界の人々の救済が続くのですが、それは接ぎ木によってであることを、教皇グレゴリオ十一世への第一の手紙で述べています。この手紙は訳者注によると、一三七六年初め頃に書かれたもので、このあとに彼女はアヴィニョンを訪ねているとあります。

グレゴリオ十一世がローマに帰還を果たすのが一三七七年一月二〇日ですから、約一年前の手紙です。教皇は、カタリナが宮廷と呼んだアヴィニョンにいます。そして彼を取り囲んでいた枢機卿の九人のうち七人がフランス人で、そのうちの三人は教皇の親族だったと言いますから、人間的居心地はすこぶるよかったとしても、神の住まいからは遠かったと推察できます。その安楽から、カタリナは神の方へ教皇を手紙で呼び出すのです。

わたしは、あなたが、美味で心地よい多くの実を結ぶゆたかな木でありますようにに、そしてまた、ゆたかな土地に植えられていますようにと、乞い願っております。……この土地とは、あなた自身のまことの認識であります。……自分自身の愛だけに閉じこもる者、神のためではなく、自分自身のために自分を愛する者は、悪しかなすことはできませんし、かれのなかには、すべての善徳が死滅しています。……それゆえ、申し上げたいのは、このような人が上に立つときは、悪を犯します。なぜなら、自分自身に対する愛のために、そしてまた、被造物の気をそこねないために、かれらの利益と自愛心の奴隷になって、自分のなかに、聖なる正義を圧殺するからであります。自分の下に立つ人々が過失や罪を犯すのを見ても、これを見ぬふりをし、これをとがめようとしません。とがめるとしても、いいかげんな、気のないとがめかたをしますので、なんにもなりません。かえって悪徳を容赦することになります。それというのも、いつも、気をそこねること、敵をつくることを恐れるからであります。すべては、自分自身を愛するからであります。そのため、平和を守るためには、なにもしようとはしません。……あなた自身を、あなたのために愛さないでください。隣人を、あなたのために愛さないでください。神を、そのように愛さないでください。神は至高かつ永遠の「いつくしみ」であって、愛されるにふさわしいから、愛してください。イエスの甘美なみ名の誉れと栄光とのために、あなたとあなたの隣人とを愛してください。あなたが、まことの善牧者であられるのを乞い願っております。……

ああ、甘美でいつくしみ深いイエス、教皇、牧者、そしてすべての被造物が、わたしたちの「創造主」の寛大、いつくしみ、名状することのできない愛を眺めて、わたしたちの無知、傲慢、悦楽を赤面しますように。主は、わたしたちのために、わたしたちの人性において、甘美で心地よい実をゆたかに結ぶ木となられ、野性の木であるわたしたちが、これに接ぎ木されることができるようにしてくださいました。愛に燃えたグレゴリオとその他の善牧者たちとは、その通り実行しました。かれらは、自分たちにはなんの善徳もないのを認め、わたしたちの木である「み言葉」を見つめました。……わたしは、あなたも、そのようであってほしいと乞い願っております。

（『教皇グレゴリオ十一世への第一の手紙』）

グレゴリオ十一世への手紙は七通翻訳されています。その『第二の手紙』の中には、現実をふまえた美しい教皇への語りかけがあります。

わたしは、あなたが平和になられ、子供たちがあなたといっしょに平和になって、平和が達成されるのを乞い願っております。神はこの平和をあなたにお求めになります。しかも、できるかぎり早く、これを達成することを望んでおられます。……

聖い父よ、あなたは、あるいは、聖い教会の財産を保全し、回復する良心上の義務があるとおっしゃるかもしれません。ああ、それは真理であると申し上げます。しかし、もっと親愛すべきものを保全する方がよいように思います。教会の宝、それは霊魂の代償として与えられたキリストの御血であります。この御血は、地上的財産のために支払われたのではなく、人類の救いのために支払われたのであります。あなたには、教会が失った都市の富と権利とを回復し、保全する義務があることを認めなければなりません。しかし、あなたは、それよりも教会にとって宝である多くの羊たちを、ふたたび獲得するはるかに大きな義務があります。……霊的黄金よりも地上的黄金をなおざりにする方がよろしゅうございます。……戦争という打棒によるよりは、いつくしみと愛と平和との打棒による方が、もっと立派な勝利を占めることができるでありましょう。そのようにしますと、霊的にも地上的にも、権利を回復することができるにちがいありません。……
十字架につけられたイエスの愛のために、平和をお願い申し上げます。あなたの子供たちの無知、盲目、傲慢にかかわってはいけません。平和によってこそ、戦争と心の恨みと分裂とに打ち勝ち、一致をもたらすことができるのであります。善徳によってこそ、悪魔に打ち勝つことができるのであります。

（『教皇グレゴリオ十一世への第二の手紙』）

この第二の手紙も一三七六年のもので、届けたのはライモンド・ダ・パプア。彼女は彼を主によって推挙し、こういう善いしもべたちを側に置いて意見をお求めくださいと伝えています。

この年は、前述したカタリナが示現によって、異教徒たちも、カタリナも、ライモンドも、彼女の霊的子供たちも、主の御傷の中に入るのを見た年です。そしてこの年はフィレンツェとの間にも問題があり、カタリナは和解のために仂きますが、トルコ人からの侵略の危機もあったようで、教皇がローマを離れていることによる枢機卿たちの堕落を危惧していたと思われます。

現代の私たちは、本当に素晴らしい教皇をいただいています。聖霊によって大きく道を展かれたパウロ六世、ヨハネ、パウロ二世は、まさに平和の使者としての仂きを、死ぬ間際まで果されたのを私たちは知っています。病身をおして、周囲の反対をものともせず、世界への巡礼の旅は百回にも及んでいること、教会の間違った歩みへの謝罪、人間としての一致への歩み、そして、日本訪問の際出された広島平和アッピール「戦争は人間のしわざです。戦争は人間の生命の破壊です。戦争は死です」と宣言されました。

今私が住んでいる所では、広島と長崎での原爆で亡くなった方々の追悼に、一分間の黙祷を共にささげるアナウンスが響きます。その上空を、まるで戦時下のような爆音を響かせて最新戦闘機が飛び交っています。平和は人間の愚かさによって、危機に瀕しています。

二〇〇五年ヨハネ、パウロ二世帰天により、ベネディクト十六世が教皇座に着かれました。二〇〇六年一月一日の「世界平和の日」、「神の母聖マリアの祭日」に、新教皇はそのメッセージで、平和の使者として後継者になる決意を表明され、福音による神の国の建設を願い、キリスト者に特に、次のメッセージを贈ってお られます。「わたしたちは福音に耳を傾けるとき、愛のおきてに促された日常生活の真理の上に平和を築くすべを学ぶのです。」

カタリナ在世の時代は、聖座は分裂の危機にあり、国家間の紛争の中にありました。が、現代は地球規模の危機に拡大されています。それ故、神の救いは地球規模に及ぶことを私は信じます。カタリナの二九歳の時の示現を信じるのです。天の全ての住民の祈りと、神の母聖マリアの取り次ぎをとおして、日々の改心を伴う小さな私たちの祈りの集合によって、カタリナの見た示現は成就されると信じます。

6

たくさんな便利でまた美しい物、常に改良され購売力をかり立てる遊び道具の増える現代にあって、信仰を深めるにはどうしたらいいのでしょうか。貧富の差は広がり、時が不安のうちに過ぎてゆく現代にあって、ちょっと立ち留って自分の心を見つめる人は少ないと思います。心理学的に言えば、それは価値と意味に関わっています。

聖パウロの言葉として見た「肉の思いは死ですが、霊の思いは命と平和です」の、肉、つまり物、器、外界の全て、これらが行きつく先は〝死〟で、霊、即ち、神が似姿として形造ってくださった霊魂へ向かう先は、〝命と平和〟なのだと教えられ、私たちは自由意志によって、それを選択することができるのです。

神は、私たちすべてを、命と平和の中へ連れてゆくことを望まれ、御ひとり子を私たちにくださいました。肉だけを存在と見なす人間の思考と感情を正すために、屈辱的な死をとおして、復活という未曽有な真実をこの現実に起こされました。キリスト者はそれを信じている筈なのです。それなのに、日々の中に流されてしまうのはどうしてなのでしょう。

私たちは大切なことを忘れ、見ないようにごまかして避けているもの、中途半端で、まあまあこれくらいは、と見過してしまうことから、死に向かってしまう、と思われます。死は地獄です。

カタリナより三世紀あとに生れ、レデンプトール会を創設した聖人、司教教会博士アルフォンソは、『死の準備』（中央出版社）の中で、キリスト者の心構えについて次のように語っています。

兄弟よ、あなたは只今罪を去った。それで赦しが与えられた、と信ずることができる。つまり、あなたは神の友となったのである。しかし、忘れてはならないのは、まだ赦われていないということである。それでは、いつ救われるのであろうか。終りまで堅忍したあかつきである。……むしろ今は、いつもより戦いを準備しなければならない。なぜなら、あなたの敵なる悪魔と、世間の肉は、あなたを攻撃し、あなたが獲得したものを、ことごとく亡ぼすために、以前よりも武器をととのえているからである。……悪魔の攻撃に敗北しないためには、祈り以外防衛手段はない。神の御助けが必要である、と使徒は言っている。悪魔の誘惑に出会うごとに、神にのみ信頼して、イエス・キリストと聖母マリアとにより頼むべきである。……悪魔は世間を構成する悪人を利用する。贖主は、悪魔より人間に警戒するようにいましめておられる。「人間に用心せよ（『マタイ』一〇ノ一七）。」

悪魔は、少くとも祈りをなし、イエスとマリアとの聖なる名を呼ぶならば逃げるけれども、悪人がある霊魂を亡ぼそうと思うときには、聖なる言葉を述べても無駄で、逃げないばかりか、かえって努力を倍加するのである。彼らは何もかも茶加そうとかかり、取るに足りない、無教育な、無能な人とあざけり、聖人の皮をかぶった偽善者だとののしる。それで、一部の弱い霊魂は、その非難や嘲笑をさけるために、惨めにも、このサタンの手先と提携し、自分らの吐き出したものに帰って行くのである。

兄弟よ、もしも、あなたがキリスト教的生活を送りたいと思うならば、不信者の嘲笑と侮蔑とを受けるものと覚悟せよ。

悪い生活を送る者は、善良な生活を送る者を黙って見ていることができない。

何故であろうか。彼らの生活が、自分の生活をとがめるからである。……肉に対する抵抗の第一手段は祈りである。第二手段は、機会を逃げることである。

悪魔でさえ、ある日教会の祓魔式によって退去を余儀なくされたとき、説教のうちで機会をさけることに関する説教ほどいやなものはない、と白状している。……救霊を得ようとする者は、罪だけでなく、罪の機会、罪の友、その家、その交通をさけなければならない。

（『死の準備』）

これを書いたとき、聖アルフォンソはまだ列聖されていず、肉とこの世と戦っていたのです。このアドバイスは、私たちへの現実的なアドバイスです。

カトリック教会には、七つの秘跡があります。その一つ罪を告白して赦しを乞う秘跡は、今増々必要とされていますが、私たちの心は罪に対する認識が真に薄いことを告白せざるを得ません。心理臨床家には秘密保持の義務がありますので、ユングの事例にあるように治療の過程で殺人の大罪を犯したことを告白されても、それを訴えることはできません。真偽のことがありますし、本人の心理的回復の中で本人が決定する方向へ霊魂が持ってゆくことを信じるのです。カトリックのクライアントの場合、日常的なあやまちから起る症状の場合、私は告解をすすめます。神父様は告解を聞き、アドバイスと理解をそえて赦しを与えることができますので、次のステップへ進むことが可能になります。私たちの心は旧約時代から何ら変っていないと思いますが、病的な心は非常に偽装が巧みで複雑です。健康な心は単純で明かるく、単刀直入です。これは信仰にもあてはまることではないでしょうか。

今ここで学んでいることとは、シエナの聖カタリナをとおして、信仰とはどういうことなのか、神はどういう方なのか、御子の十字架はどこに私たちを導いてくださるのか、どうしたら、世俗に生きながら神にいつも心を向けていられるのかを知る恵み、そして喜びの中で生きる恵みをいただくことです。

旧約には、祝福と呪いという言葉で、生命と亡びの世界を、神はイスラエルの民に示されました。エジプト脱出は、神が信仰者に〝肉〟として教える外界だけの世界から、神が共におられる肉もある世界への旅でした。それゆえ、創造主の導きと守りがありました。とはいえ、人間はまだ肉が行きつく〝死〟からの解放は受けていません。混交状態におかれています。キリスト者は、キリスト・イエスが、十字架上の死によって死を亡ぼされ、復活の恵みを父である神から授けられたことを教えられ信じています。死のない世界、愛だけの世界、喜びの世界、光と生命の世界を開いてくださったキリストを信じています。これがキリスト者の〝希望〟なのです。使徒たちの宣教はそこから始まり、聖人方もその跡に従い、全ての信仰者もその跡に従っています。

もう一度確認したいことは、私たちが神の似姿として造られたのは〝霊魂〟であって、肉ではないということです。神と共に住み、健全なる成長を成し遂げることができたエデンの園からの追放をひき起こしたのは、私たち自身の〝罪〟、父なる神に対する不従順であることを、もっと認識する必要があると思います。

全人類の集団は、第一の人アダムの罪によって腐敗させられた。そして、この集団から引き出されたあなたがたはみな、腐敗させられて、永遠の生命を所有することができなくなった。それゆえ、わたしは、わたしの「言葉」、わたしの「ひとり子」を、たまものとしてあなたがたに与えた。わたしは、わたしの偉大さを、あなたがたの人性の卑賤さに一致させ、罪によって失った恩寵を回復させた。わたしは苦痛を感じないから、苦しみを耐え忍ぶことができなかった。しかし、わたしの神的「正義」は、過失に対して罰を下すことを求めた。他方、人間は、そのつぐないを果す十分な能力をもっていなかった。なんらかのつぐないを果したとはいえ、それは自分自身のためであって、理性をめぐまれた他の被造物のためではなかった。……その弱さのために、自分でつぐないを果たすことのできない人間を回復させたいと考え、わたしの「子」、「言葉」をつかわし、あなたがたと同じく、アダムの腐敗した集団から引き出された人性をまとわせた。それは、かれに、人間が罪を犯した同じ人性のなかで、苦しみを受けさせ、その体のなかで、十字架の恥ずべき死にいたるまで、罰に服させ、わたしの怒りをなだめるためであった。……神の本性に一致した人間の本性は、全人類のために、つぐないを果たすことができた。それも実のところ、アダムの集団から出た有限な本性のなかでたえ忍んだ苦しみだけによるのではなく、永遠の「神性」、無限の神の本性の功徳によるのである。この本性の一致のゆえに、わたしは、わたしの「ひとり子」の血のいけにえを喜んで受けいれた。このいけにえは、かれを十字架にしばりつけ、釘づける鎖であった神的仁愛の火によって、神の本性と練り合わされ、混ぜ合わされたものであった。

このようにして、人間の本性は、もっぱら神の本性の功徳によって、過失をつぐなうことができた。アダムの罪のけがれは、このようにして消された。しかし、傷が治ったのちも傷あとが残るように、罪への傾きと、あらゆる肉体的弱さとが、しるしとして残った。……霊魂は、聖い洗礼によって恩寵を受けているにもかかわらず、悪に対する傾きも、善に対する傾きも、同じようにもつことができる。分別の年齢に達すると、霊魂は自由意志により、その意志の好むところにしたがって、善あるいは悪を選ぶことができる。人間の自由はきわめて大きく、光栄ある「血」の功徳によって、受けた力はきわめて強いので、自分が望まないかぎり、悪魔も被造物も、これにどんな小さな罪でさえ強制することができない。人間は、自分の官能を統御し、自分が創造された目的を達成するために、奴隷状態から解放されて、自由になったのである。

（『対話』第一四章）

第一五章で、神はカタリナに、キリストのご受難以後、過失は以前よりも重く罰せられることを教えられます。つまり信仰者は未信者よりも重く罰せられること、これは、それだけ神から恵みを受けていること、信仰と希望と愛を教えられていて、喜びの深さは未信者と異ることを考えれば、当然と思えると同時に、その責任について考えさせられます。

……わたしの怒りをなだめるくすりがある。それは、わたしのしもべたちである。かれらが十分な熱誠をもち、その涙によってわたしに強要し、その望みのくさりによって、わたしをしばることである。あなたがどのようなくさりによって、わたしをしばったかは、あなたの知る通りである。しかし、このくさりを与えたのはわたし自身である。……

あなたの涙と汗を取るがよい。これを、わたしの神的仁愛の泉から汲み取るがよい。そして、わたしの他のしもべたちといっしょに、わたしの浄配の顔を洗うがよい。このくすりは、たしかに、かの女の美を取り戻させるであろう。その美を取り戻させるのは、剣でも、戦争でも、暴力でもない。むしろ、平和であり、謙遜で絶え間ない祈りであり、わたしのしもべたちが熱烈な望みによって流す汗

（『対話』第一五章）

と涙である。

第一六章は、カタリナが神のいつくしみを知り、その知識を増大させ、果てしない喜びに力づけられて、全世界の救いのために、神のあわれみを祈り始めたことを記しています。

カタリナは神との応答の中で、神への愛を深め祈りを深め、喜びと共に私たちの神への忘恩に対する悲しみを深めてゆきます。

多くの場合、主日ミサに与り、旧約と新約の聖書朗読を聞き、司祭の朗読する福音を聴き、説教を聴き、御聖体を拝領し、これで信者の務めを果したと思い、忘れて日常の生活のあれこれに時を過します。これだけでは足りないことを教えられます。それだけでは、神さまの愛を喜んで活き活きと生きる力は湧いてきません。確かに教会では神さまを第一にします。けれども家に帰ると、夫、妻、子供、犬、猫、草花、食事、その他家の雑事、TV、パソコン、その他のさまざまなことに心が向かい、神さまへの愛の目ざしを忘れてしまいます。つまり〝肉〟の世界を第一にしてしまう。信仰者は、この世に帰っても、神を第一にするように要請されていることを忘れてはならないのです。聖パウロの言葉、「利用しないかのように利用する」ことをトレーニングしないといけないわけです。何故でしょうか。肉を去る時は必ず来るからです。それは明日かも知れないし、明後日かもしれないのです。神が、神の似姿として造られたのは霊魂であって肉ではありません。それで私たちの心は、人間の中に宿る霊魂を見ないと、亡びの世界へ落ちますよ、と神は警告されたのでした。

7

だれもわたしの手をのがれることができないことを知ってほしい。なぜなら、わたしは「存在者」であるが、あなたがたは、あなたがた自身で存在するのではないからである。あなたがたは、わたしによって造られた程度にしか存在しない。わたしはすべてのものの創造主であって、これに存在を分かつ。しかし、罪の創造主ではない。なぜなら、罪は存在ではないからである。したがって、罪は「わたし」によって創造されたものではない。罪は「わたし」の中にはないから、愛される価値がない。被造物は、「わたし」を愛する義理と義務とがある。なぜなら、わたしは至高の善であり、しかも、きわめて熱烈な愛をもって、被造物に存在を与えたからである。ところが、被造物はわたしを侮辱する。なぜなら、愛してはならないもの、すなわち罪を愛するからである。しかし、人間は、わたしからのがれることができない。かれらの過失を罰するわたしの正義に捕えられて、わたしの中にいるか、あるいは、わたしの慈悲に守られて、わたしの中にいるか、どちらかである。

知性の目を開いて、わたしの手を眺めるがよい。わたしが言っていることが真理であることが分かるであろう。

そこで、この霊魂は、この偉大な「父」に従うために、精神の目を開いた。すると、この神の手の中に、宇宙全体がこもっているのが見えた。


(『対話』第一八章)


この対話と示現によって、カタリナの心はなお一層神と結ばれ、愛に燃え、いかに謙遜で絶え間ない聖い祈りをささげなければならないかを悟ります。そして、カタリナが立てた二本の柱、神の栄光と霊魂の救済、このために、神のしもべたちがいることを理解します。

当時のカタリナは、ライモンド・ダ・パプア一行をアヴィニョンに送って、フィレンツェと教皇庁との間の和平交渉を進めていたので、特にライモンドのことを祈り始めます。

カタリナがライモンドにあてた第四の手紙の注に、『対話』の口述筆記者の一人であるステファノ・マコーニが、カタリナの列聖調査のために書いた手紙の中で、聖母マリアがライモンドを彼女に聴罪司祭として与えたことが記されています。そして、ライモンド著『シエナの聖カタリナ』の『訳者まえがき』には、もう少し詳しく記され、二人が出会う数年前に、聖母マリアが肉体をつけてカタリナに現れ、「ご自分に対してもっと信心があつく、カタリナの以前の聴罪司祭たちよりも、多くのなぐさめを与える聴罪司祭を彼女に与えること」を約束され、それがライモド・ダ・パプアとして現実になったことが述べられています。

ここでも、肉をこえている神の全能の摂理を知らされると共に、神の御国は現然とあって、聖母マリアの御助けの現実性を教えられます。私たちの救いは、〝マリアの無原罪の御宿り〟から始まったことを思い出させられます。そして聖母マリアへの信心行の重要さをもっと深く私たちの実生活の中に生かしてゆくこと、これは信仰を深める大切なカトリック信者への要請なのです。ロザリオを祈ること、これなら、いつでもどこでも出来ますから。

このカタリナとライモンドの、聖母マリアの取り次ぎを介して行われた美しいシーンが『シエナの聖カタリナ』の第三部第四章に載っています。この章は、カタリナの死について次のように記しています。

毎日していたように、総告白をなし、謙遜に、聖体拝領と最後の秘跡とを求めた。その望みは達せられた。かの女はまた、教皇グレゴリオ十一世と教皇ウルバノ六世とから与えられた全贖宥を願った。それから、臨終を迎え、悪魔との戦いがはじまった。その場に居合わせた人々は、その動作と言葉とによって、これをさとった。かの女は、あるときは沈黙し、あるときは答え、あるときは微笑した。ときには聞いたことを軽蔑しているように見え、ときには、それをいきどおっているように見えた。……

この長い戦いと勝利ののち、カタリナはわれに帰り、慣例になっている公の告白を行い、すでに与えられた赦しと贖宥とを、もっと安心できるように、もう一度与えてくれるように願った。……

すべてが終ったとき、その場に居合わせた人々は、かの女の体力が急速に衰えはじめたのに気づいた。しかしながら、かの女は、自分が主において産んだ人々に、その場にいた人々にも不在の人々にも、その聖いすすめを語りつづけた。かれらはわたしにそれを繰り返し語ってくれた。「疑惑や当惑におちいったら、兄弟ライモンドに頼りなさい。かれに、決して弱音を吐かず、どんなことが起こっても、なにも恐れてはいけません、と伝えてください。わたしは、いつもかれといっしょにいて、あらゆる危険からかれを守るでしょう。もしもかれが、なしてはならないことをなすならば、自分を正して立ち直るよう注意するでしょう。」

人々がわたしに語ったところによると、彼女はしばしばこの言葉を繰り返し、話す力があるかぎり、これを語っていたとのことである。いよいよ最後の時刻がおとずれたことを知って、かの女は、「主よ、わたしの霊をみ手に委ねたてまつる」と祈った。このようにして、この聖なる霊魂は、肉体から解放され、かの女が熱烈に愛していた「天配」に、別れることのない永遠の一致によって一致したのである。主の年一三八〇年四月二九日、三時課の時刻のことである。

その瞬間、わたしはジェノヴァ市にいたのであるが、かの女の霊魂は、わたしがこれまで述べたすべての言葉、かの女が、わたしに言うように命じたすべての言葉を、わたしに語った。わたしは、あざむくことも、あざむかれることもできない「真理」にましますかたが証人になってくださると信じている。

（『シエナの聖カタリナ』第三部第四章）

私たちはここで、再び信仰の確認をしなければなりません。私たちは、すぐに忘れるのがお得意で、そのための口実を見つけるのも早いからです。

神は、肉の目には見えない霊魂を私たち一人ひとりにくださっていること、その霊魂は神の似姿であることを学びました。そして『対話』十八章で、それは存在なのだ、とカタリナをとおして教えてくださいました。神の似姿である私たちの霊魂は、神の存在が分かたれて存在しているのだと。

カタリナは、神の手の中に宇宙全体が抱きとられているのを心の目で見ています。光の中に呼び出されたもので、神の手から逃れられるものは何もないのを心で確認したのです。それは全ての霊魂、全ての存在は、救いの中に組み込まれているという絶大なる信頼を燃え上らせました。カタリナの神へのこの信頼は、神のカタリナへの信頼でもあります。カタリナは、有限な自分と、神から受けた愛に充分応えていないという深い悲しみと、時間を無駄にして生きてきた痛悔を感じ、取るに足りない自分を、かくも愛してくださる神の前に跪きます。神はそういうカタリナに一層御自分を明らかに示されます。この世界は魂の世界、実存の世界、キリストの復活の世界なのだ、と。

そして、神は、カタリナをとおして、その世界を私たちに教え、主キリスト・イエスの生涯の意味を示されました。

ここで、私たちの心に疑問が生じます。呪い、悪魔、地獄、死、腐敗等と、全能である神との関係、それが私たち人間にもたらされる不幸な現象についての疑問です。

私たちはまた思い出さなければなりません。それは神は私たちに〝自由意志〟を与えているとおっしゃったことです。

もし私たちが、自分の心深くに隠れている自分の本当の存在、神の似姿としての霊魂をいつも意識して神に感謝しているならば、自由意志は常に神の意志の方を選ぶでしょう。けれどもそれは至難の業です。それで私たちは祈り学ぶ必要があるのです。

カタリナのように、恩寵によって神と自分自身の認識に到れば、恵みによって神との一致に導かれ、永遠の生命という財産を受け継ぐ幸いに与ります。一番はじめに見たように、そういう幸いに与った人を、神は別のわたしと言われて祝福されるのです。

『対話』六章で、神はカタリナに、「どんな善徳も、どんな欠点も、隣人を介して取得させる」と教えられます。

わたしを憎んでいる者は、隣人に、そしてまた、主な隣人である自分自身に害を加える。しかも、この害は、全般的であるとともに個別的である。……すべての悪は、霊魂がわたしと隣人とに対する仁愛を失っているところから生れる。善をなすことができないから悪をおこなうのである。それでは誰に対して悪をおこなうのであろうか。まず自分自身に対して、つぎに隣人に対して。わたしに害を加えるわけではない。……

罪には、行為によるものと、思いによるものとがある。思いの罪は、罪に対する喜びと、善徳に対する反感とを抱くやいなや、すなわち、わたしと、隣人とに対して抱かなければならない仁愛の情念を失わせる官能的な自己愛を抱くやいなや犯される。この罪は、一度宿されると、官能的で邪悪な意志の好みに応じて、隣人に対し、さまざまな方法で、つぎつぎに罪を産む。……

傲慢は、どこで生れるのであろうか。隣人のなかで生まれるのである。傲慢な人は、自分の名聲を高める必要上、他人を軽蔑し、自分は他人よりもすぐれていると思い、その結果、他人を侮辱する。権力の座にあるときは、どんな不法行為、どんな残酷行為もいとわない。人間の肉の売買さえも辞さない。

ああ、いとしいむすめよ、わたしに加えられた侮辱を嘆くがよい。そして、これらの死者を悼むがよい。祈りによって、かれらの死に勝利を占めてほしい。


（『対話』第六章）


私は、疑問として、呪い、悪魔、地獄、死、腐敗等と、全能である神との関係、それが私たち人間にもたらされる不幸現象を提示しました。

神の教えである『対話』、そしてカタリナの生き方を知ると、私の疑問と神とは全く無関係であることを教えられます。なぜなら、神には愛しかないからです。神には自愛心が全くないのです。創造の御業は、神の与え尽くされる愛から生れ、「ひとり子」まで罪に汚れた私たちの存在の救済のために十字架という、この世の方向から見ると、こんなにばかげた愚かなものはない死によって、ひとり子を死に渡された御父のみ心と、御子の従順の前に、その価値は逆転してしまうのです。これを理解する心は、信仰を深めたいと願う祈りの中に、神がくださる恵みです。

カタリナは、「神の誉れ」と「霊魂の救済の望み」を持ち続け、祈り続け、願い続けて、自分の認識から出てキリスト者の救済と一致、そして、その望みに応えられてゆく神の摂理の導きの中に、ついに全宇宙が神の御手の中に抱きとられているのを見るところまで達したのでした。

こうなると悪とか罪は、自分自身の有限で神の存在なくして存在できない私が、存在そのもの、愛そのもの、放蕩息子、放蕩娘の帰りを待つ御父の姿を見るための、改心のプロセスであると思えてきます。教会は、このプロセスを固め、次の成長発展に導くために、赦しの秘跡を置いているのです。これは安全な最も有意義な恵みと思います。心理学では、これを通過儀礼と呼んでいます。神がカタリナに初めに教えられたように、心はこの世の過ぎさる物、事、時などを追っても決して満足されず、欲望は増すばかり、そのうち死が来て空しく土に帰る、このことから方向を変えて神に心を向けるとき、つまり教会の教える回心をするとき、神はそのとき、その人の心が求める必要を満たされ、通過儀礼は完了して、次のステップへとチャレンジする勇気と心構え、行動を準備してくださることを知るのです。これは、神に出会うことに導き、神と共に仂く喜びに私たちを導き入れることを教えられます。

聖パウロは、『テサロニケの信徒への手紙一、五ノ一六～一八』の中で、「いつも喜んでいなさい。絶えず祈りなさい。どんなことにも感謝しなさい」と言われました。「いつも」「絶えず」「どんなことにも」と。「継続は力なり」と言う格言がありますが、信仰には、まさにこの言葉は真実であることを、カタリナも教えてくださるのです。

『対話』第三三章の終りには、神の嘆きが吐露されています。これはカタリナの願いの一つ、教会の改革について、彼女の熱勢を燃えたたせるための教示の一つです。

ああ、いかにもみじめな悪徳ではないか。霊魂の天を地に下落させるとは。わたしは霊魂を「天」と呼ぶ。なぜなら、これを、天として造ったからである。わたしは、この天に住んでいた。まず、わたしの恩寵により、その内面にかくれて。そして、愛の感情によって、これをわたしの住居とすることによって。

ところが、かれらは、姦婦のように、わたしよりも自分自身と被造物と、造られたものとを愛して、わたしを去ってしまった。そのうえ、自分自身を神となし、多種多様な罪によって、わたしを苦しめて止まない。

それというのも、燃えさかる愛の火によって流された「血」の恩恵を忘れているからである。


（『対話』第三三章）


カタリナは、神からの教えと示現の中で、主イエスの愛の極限の「御血」を味わっていました。

カタリナは二十歳ですでに観想生活と活動生活を完全に一致させたと言われています。

存命中から聖性の誉れたかく、主の御帰天の年齢と同じ三十三歳という若さで死去する迄の間に、神の教えを生き切り、三十一歳のとき『対話』を残しました。二十八歳から、行動によって教皇に献身し、グレゴリオ十一世教皇をローマに帰還させ、フィレンツェ人の教皇背離によってもち上ったイタリア諸都市の荒廃を、回復に導くために献身します。カタリナは、彼女を慕う人々を教導し、霊的子供たちと呼び、家族と呼んだ共同体と共に活動します。そして、主の望みに従って、あらゆる階層の人々に、それぞれ適切な助言、叱責、励ましの手紙を書くのです。その手紙は、神の真理に満ち、受け取った人だけでなく、私たちの心を動かす力にあふれています。

フランス人の枢機卿で、グレゴリオ十一世教皇のローマ帰還に貢献したピエトロ・ドスティア枢機卿への手紙には、カタリナの信仰と行動の原点がよく示されていますので、抜き書きしてみます。

わたしは、あなたが、仁愛の鎖によってしばられているのを望んでいます。……仁愛がなければ、あなたの中にも、隣人の中にも、恩寵の効果がまったくないことは、ご存じのとおりだからであります。仁愛は、霊魂を、その創造主につなぐ聖く甘美な鎖であって、神を人間に、人間を神につなぎます。……

仁愛を所有している者は、堅忍するし、いつも不動であります。なぜなら、生きた石、すなわち甘美なイエス・キリストに支えられているからであり、かれから、そのみ跡に従って、「創造主」を愛するよう教えられたからです。このような人は、かれの中に、採用すべき規則と教義とを読み取ったのであります。なぜなら、かれは道であり、真理であり、生命だからであります。それゆえ、かれの中に、生命の書を読む者は、まっすぐな道を歩みますし、ひたすら、神の誉れと隣人の救いとを目ざすのであります。甘美なイエス・キリストは、そのように実行されました。なにものも、かれから、「おん父」の誉れと、隣人の救いとに対する愛を奪うことができませんでした。苦しみも、悩みも、不実も、わたしたちの忘恩も。かれは、その望みを満たし、「おん父」から委託された業、すなわち人類のあがないの業を成しとげるまで、堅忍されました。このようにして、「おん父」に誉れをささげ、わたしたちを救われたのでした。……

しかし、もしも、わたしたちの精神が、自愛心と、自分と世俗とに対する随喜とを、ことごとく脱ぎすてないならば、決して、このまことの完全な愛に、この仁愛の一致に、到達することができないことを思うべきであります。……
ああ、父よ、わたしは、あなたが教皇の特使として、わたしの霊魂が、あなたの中に見たいと願っている、この誠実で熱烈な仁愛の鎖に、しばられるのを望んでおります。

（『ピエトロ・ドスティア枢機卿への第一の手紙』）

8

修道会を起こされた聖人方は、その弟子たちみなに、聖人になりましょう、と呼びかけられます。

聖人方は特別で、私たちは凡人だから、これくらいでいいでしょう、と言うことはキリスト者には許されていません。現代は、たくさんの黙想会、聖体顕示の祈り、信仰の分かち合いの会、そしてミサの中で、私たちはイエス・キリストとの出会いの体験に導かれ、信仰告白の中で、聖霊の呼びかけを聞いています。

『聖務日課』は、『教会の祈り』として全ての人に開かれていますし、聖人方の生き方は本になり、私たちは読むことができます。そして聖人方が、時代、家庭環境、社会環境の中で、苦しい戦いをし、その中に神を求めていった人々であることを知るのです。

カタリナもそうでした。

キリスト者の神は、「生きておられる」神です。「全能永遠」の神です。小さな者の側にいてくださる「愛」の神です。ですから、私たちの願いは全て御存知でおられ、「必要」に応じてくださるのです。精神的にも物質的にも。聖人を知ることは、神を求める道を現実に生きた人を知ることですが、すべてはイエス・キリストの御生涯の中に、支えと励ましを見出し、私たちが祈りの最後に唱える句、「聖霊の交わりの中で、御父と共に世々に生き支配しておられるわたしたちの主イエス・キリスト」と、愛によって一致している人を知るよろこびに導きます。そして、信仰において、現実に私たちは助けられるのです。なぜか。それは聖人方がいつも祈ってくださっているから、御父の愛の中で、主イエスと聖マリアと共に。

祈りの具体性、現実化は、ライモンド著『シエナの聖カタリナ』の第二部に載っていますが、まず『対話』第四一章の、神の教示の一部を見たいと思います。

至福者たちの望みは、絶えず死という終末に向かって走っている、遍歴者であり、旅人であるあなたがたのなかに、わたしの誉れが実現するのを見ることである。したがって、かれらは、わたしの誉れと同時に、あなたがたの救いを望む。そのため、あなたがたのために、絶えずわたしに祈る。わたしは、できるかぎり、かれらの望みを聞きとどける。あなたがたが、無知のために、わたしのあわれみを拒んでも。

（『対話』第四一章）

カタリナの「望み」は、前述しましたように「御父にささげた四つの願い」です。自分の聖性の願いから始まり、神の平和が地球全域に及ぶこと、その応えとして、神はカタリナに「宇宙の平和」をお見せになられました。

今、カタリナは、地球の救済を天で祈ってくださっているのだと信じます。

悪は今、地球全体の滅亡を企図しているからです。原水爆、細菌兵器、テロ等々の人間がつくり出す破壊の望みは、悪魔という幻想を巨大化しています。ここに「殉教」が輝きます。主イエス・キリストの「貴いおん血」に従うのは、今や特定の人々ではないことを知らされます。私たち信仰者の一人ひとりの「心」を、神の似姿として造られた「霊魂」に向かわせること、小さな私たちの願い、平和への祈りは、天の祈りと一致したとき、大きな力となる希望の中で、喜びと共に感謝したいと思います。そして、肉の快楽があふれている暗い現代に、二十世紀中半過ぎに、シエナに建立された聖カタリナの記念像が、十字架とぶどうの木を持っていることを確認するのです。『聖書』が伝えるように、主の死と復活と贖いに与る以外、キリスト者としての私たちの救いはないからです。

私たちの「信仰」を、神の愛の認識、私たち人間すべてを愛してくださる愛の認識から始め、ついに神の栄光の御国に帰る迄のともしびとして燃え立たせるためには、「心」を常に新しくしておく必要があります。

ライモンドは、カタリナが肉の体ではなく、霊魂を見ていた、と著書の中に記していますが、外見的には真に美しく飾りたてた人の霊魂が、カタリナが顔をそむけたほどに醜悪で悪臭を放っていたことを記しながら、改心した霊魂の美しさを、記しています。

『シエナの聖カタリナ』の第二部は、彼女の聖性が、ひとりよがりのものでなかったことを、余すところなく伝えています。それは、主と一致するための、彼女の自己放棄をうながす「試練」と「誘惑」との闘いを、〝み言葉〟に立脚することによって、それらに勝ち、増々深く神の愛の中に生きるカタリナの勇気と不思議に満ちています。

貧者への施し、病人看護、病気の治癒、悪人の改心、悪魔を追い出す、パンとぶどう酒の増殖等々、イエス・キリストがなさったことを受け継いだ善業の数々、それも普通のレベルをこえた、まさにキリストの業に続く事項を、ライモンドは記しています。

信仰が、自愛心を捨てる苦しい戦いの末に、カタリナの聖性を増々高め、キリストとの一致に導くエピソードを二つだけ見てみたいと思います。

一つ目のエピソードは、カタリナがその体験から、外面ではなく、その人の霊魂の状態を見る恵みに導かれたものです。それは、カタリナをなお一層「霊魂の救済」に励まし、苦難を喜びに変えたエピソードで、「霊魂の美しさ」、本来私たちが初めに神からいただいた美しさを見る恵みを受けた体験です。

シエナの聖ドミニコの修道女パルメリナは、すべての財産と身を公に会に献げて、自分を神に献げたつもりでいました。ところが、「悪魔が彼女をとりこにしてしまった」と、ライモンドは記します。

悪魔は、嫉妬と傲慢によって、カタリナを目の敵として、けなし、中傷し、呪うようにしむけます。彼女に対するカタリナの努力は、パルメリナの軽蔑を増すばかりなので、カタリナは「祈り」始めます。

神は、パルメリナの霊魂をいやすために、体に病気を与えられますが、病気は精神をいやすことなく、カタリナへの憎しみを増大させます。カタリナは、しかし訪問し、奉仕をしますが、かの女には通じません。そして、カタリナを追い出します。その後、突然、パルメリナは重体に陥ります。このまま死んだら、彼女の霊魂は「滅び」以外ありませんので、重体に陥ったことを知ったカタリナは祈ります。彼女の祈りは常に、罪は自分から起こるゆえに、罰は自分が引き受ける、というものですから、このときも、「かの女が、わたしのために犯した罪の罰を、わたしに加えてください」というものでした。そして、「あわれみ深い救い主よ、わたしの姉妹の霊魂が、恩寵を回復し、あわれみをいただくまで、体を離れることを、お許しにならないでください」と、祈り続けます。

カタリナの祈りがきわめて強力だったので、病人は死ぬことができなかった。その臨終は三日三晩つづいた。みなが驚いていたし、みなが、かの女の最後の戦いが、これほど長引くのを見て同情していた。カタリナは、その間祈りつづけた。そして、「打ち勝つことのできないかた」に対して、勝利を占めた。かの女の謙遜な涙は、「全能者」に勝った。神は、これ以上拒否しつづけることがおできにならなかった。

天上の光明が、臨終の苦しみのなかにあるこの霊魂を、あわれみ深く照らして、その過失を認めさせ、救いに必要なすべての恩寵を与えた。カタリナは、これを啓示によって知った。そして、パルメリナの家に走って行った。病人は、かの女を見ると、喜びと尊敬とのしるしを、できるかぎり示し、声をあげて自分の過失を告白し、大きな痛悔の心をもって、秘跡をさずかったのち死去した。

主は、その浄配に、この霊魂が救われたことを示された。

（『シエナの聖カタリナ』第二部第四章）

カタリナは、ライモンドに、パルメリナの霊魂は美しく輝き、あらゆる表現を絶するものであった、と語り、「神父さまが、理性をもっている霊魂の美しさを見ることができましたら、その霊魂を救うためには、必要ならば、あなたの生命を百度も犠牲にするでしょう。たしかに、この物質の世界には、その美に比べることのできるものは何もありません」と語られたと記しています。

カタリナの祈りの美しさと力は、神への絶大なる信頼に依拠しています。愛である神は、依り頼む者の心からの願いを、しりぞけることがおできになりません。御自分の似姿として造られた善きもののすべて、光と命である魂の美しさを、嫉妬や、猜疑心や、恩寵の拒絶によって失うことを望まれないことを、カタリナはよく知っていました。

この神への信頼への祈りを、私たち信仰者はいただいていることを忘れています。マンネリが起こるのは、チャレンジをしなくなったときです。もう一度心を神に向けて、自分の霊魂を聖霊のお助けの中で意識すること、「祈る」ことで、神の全能性への信頼を取り戻せば、新しい視界が展かれることを教えられます、これは、キリスト者の特権だと思います、私たちは三位一体の神を信じているのですから。

ここで教えられるもう一つのことは、秘跡の重要性です。そして、すべては「神の摂理」によって起こること、これを信じることも信仰の力であることを教えられます。

たくさんの奇跡、たくさんの感動的なカタリナの言動による霊魂の救済については、ライモンドの著作をお読みいただくことをお勧めしますが、もう一つだけ、カタリナの在世の時代と、改心、主の臨在、祈りの力を示すエピソードを抜き書きしたいと思います。これは、『シエナの聖カタリナ』第二部第七章に載っているシエナの二人の強盗についての話です。

この二人の強盗は逮捕されて裁判にかけられ、恐ろしい拷問によって、その罪悪をつぐなう宣告を受けます。二人は、牢獄の中でも死が近付いても、痛悔を示しません。

この二人の刑である拷問は行われ、まっかに焼けたやっとこで、体のあらゆる部分を引き裂かれ、法に対する恐れをいだかせるために、市中を引き回されますが、二人は神と聖人たちを冒瀆する言葉を吐き、回心の色を見せません。

前述しましたが、カタリナは、彼女の聖性をしたう人たちを家族と呼んで、教え、共に神の道を歩む同伴者にしていましたが、その筆頭のアリシアの家に、そのときいました。アリシアが初めに、刑吏らが引き回しながら拷問にかけている二人を見ます。そしてカタリナに知らせます。

カタリナは、一群の悪魔どもが、刑吏が二人の肉体を責めさいなむより激しく、二人の霊魂を責めさいなんでいるのを見ます。そして、滅びようとしている二人の霊魂を救ってくださるよう祈り始めます。霊魂の救済のために十字架の死を甘んじて受けられたキリストのあわれみに嘆願します。

二人の死刑囚が市の入口に着いたとき、慈悲深い救い主が、傷におおわれ、血に染まって、二人にお現れになり、回心するよう説諭され、赦しを約束された。すると、立ちどころに、神的光明の光線が二人の心をつらぬいた。二人は司祭を求め、深い痛悔の心をもって、すべての罪を白状し、どんな恐ろしい拷問も当然だと認め、祝祭におもむくかのように、よろこんで死におもむくのであった。自分たちを火刑に処する刑吏たちをののしるかわりに、おん慈悲により、一時の苦しみによって、永遠の栄光を獲得させてくださる救い主に、感謝をささげるのであった。

（『シエナの聖カタリナ』第二部第七章）

参列者も刑吏たちも感動しますが、この奇跡がどうして起ったのかは分かりませんでした。

信仰者は神の摂理を知っています。ライモンドがこれを記し、今私たちがそれを知る、ここまで御摂理は仂いておられるのですが、どうしてライモンドが、カタリナの祈りの結実としてこの出来事を記すに至ったか、その道筋を追ってみましょう。

カタリナは、アリシアの家にいました。アリシアの家は、カタリナの家から近く、死刑囚が引き回される道筋にありました。

アリシアは外の騒ぎから窓によって拷問されている二人を見、カタリナに知らせました。カタリナは、二人の霊魂を痛みつける悪魔を見、あわれみの神に祈り願います。そして、神は、カタリナの祈りの心が二人の側にいることを許され、彼女は、主が二人にお現れになって説諭されるのを見る光栄に与りました。

この二人の強盗の回心を願って、いっしょについて行った司祭がいました。そして、この司祭は、この感動的な回心の場に立ち合ったのです。赦しの秘跡を授ける恵みも、彼に与えられたでしょう。

そして、この司祭は、それを、カタリナの聴罪司祭トマーゾに話し、トマーゾは、アリシアにカタリナの取りなしではなかったかと尋ね、アリシアの話と、この事件を記録します。

ライモンドは、直接このことをカタリナから聞きます。それで、二人の罪人の霊魂を、地獄に連れていこうとしている悪魔たちの仕業のこと、キリストの説諭まで聞くことができ、実際に起った出来事を記録したトマーゾの記録に合致している事実として、カタリナの聖性の証しとして書き記し、今、私たちがそれを目にしている、これらはすべて、神の摂理の中にあることを知るのです。

9

神は、カタリナに教えられます。

「霊魂は木のようなもので、愛するために造られ、愛がなければ、生きることができない（『対話』第一〇章）」と。そして、「霊魂は愛なくして生きることができない。いつも、何かを愛したいと望んでいる。なぜなら、霊魂は愛でできており、わたしは、これを愛によって造ったからである（『対話』第五一章）」と。

神は、私たちの霊魂を、愛しかない神の似姿として造ってくださいました。それなのに、どうして神は、「霊魂の救済」を呼びかけられるのでしょうか。どうして、御子まで、その救済のために、私たちに与えてくださったのでしょうか。今、私たちはカタリナをとおして、彼女のたくさんの犠牲と苦しみをとおして、その数多いエピソードの中のほんのわずかなエピソードを見ながら、魂の救済をはたした業跡の一端によって、キリスト者として歩むべき道を、模索しながら、信仰、つまり、神に向かう心を、新しくしたいと願っています。

前述しましたが、私は職業柄「心」に注目しています。霊魂、心、肉体の三層を考えます。

心が神を捜し始めるとき、それは霊魂を活性化させます。問題は、多くの場合、肉体がかかわる外界にあります。心はそこにとらわれています。子供に問題があって悩んでいる母親、又は、自分の環境に問題を持つ女性たちの多くは、それから逃れるために「買物」に走ります。物に楽しみを見出し、それによって「心」を満たそうとする傾向にあります。美食や性的快楽に走る人もいますし、盗みに走る人もいます。どれもみな、肉体の満足で、心の空しさを埋めようとするのです。それで一層空しさをつのらせます。

私たちは、信仰者として、「祈りの価値」を、もっと伝えなければいけないのではないでしょうか。「祈り」は、「心」を神に向かわせ「心」を自分の霊魂に気付かせます。問題は、その深まりの中で、知らないうちに解決されることがあります。

『対話』第五一章には、このことに関する神の素晴らしい教えがあります。抜き書きしましょう。

あなたがたには、二つの部分がある。官能と理性とがこれである。官能はしもべである。霊魂に仕え、肉体を道具に使って、善徳を証明し、実行する役目を与えられている。霊魂は自由である。わたしの子の「血」によって解放されている。……自由意志は、官能と理性とのあいだに位置していて、好むままに、そのどちらにも向かうことができる。（『対話』第五一章）

ここで私たちは、肉体は、私たちが神から項いた霊魂に仕えるための「道具」であると明示されます。自由意志をもつ「心」を、神の意志に向かわせること、私たち一人一人の召命、生き甲斐、生きる目的を捜させる方向へと向かわせる重要性を教えられるのです。

これが、どうして重要なのか、それを教えの中に見てみます。

霊魂の最終目的は、その神であり、永遠の生命である方に到達することである、と『対話』一〇章で、神は語られますが、そこへ到達するためには、原罪の認識と回心、絶えざる回心が必要なことは前に見ました。

自由意志の選択は、日々の小さな事項の中に、滅びの終点である死、生命の終点である復活の選択です。前者は地獄であり、後者は神のみ国、楽園です。

神が、愛によって私たちの存在を暗闇から呼び出してくださったのは、神のみ国で、神の愛の中で成長するためでしたが、罪によって死が入り、イエス・キリストが、十字架の死によって死を滅ぼし、ご復活によって、御父に帰る道を整えてくださるまで、長い旧約の時代の時間がありました。時は、キリストによって満たされましたから、キリスト者は、死はもうないことを知っている筈なのです。それなのに、残効としての死から解放されているとは思えません。

カタリナの業跡を読むとき、神に敵対する悪魔の造り出す世界、人間の霊魂を悪徳の世界に誘い、肉の快楽、権力、金銭等の欲から地獄に連れていこうとしていることを知ります。その世界は、今、人間のつくる生命未殺の世界として現出しています。「心」の中に、神への愛を取り戻さないかぎり、私たちは滅びます。神は愛の源であり、今もなお私たちを愛してくださっています。

イエス・キリストの復活は、美しい霊魂だけの世界を意味していません。「心」も神と一致し、「肉体」も神と一致した世界を意味しています。神は最初の創造の世界で、私たちに、このように成長する世界を約束されたのだと思います。

神が下される罰、この世に生きる間の数々の苦しみは、私たち一人ひとりの罪のつぐないであって、甘受すべきものであることを知る必要があります。

今、外界は暗黒に感じられます。それゆえ、天の助けが近いことを私は信じます。私たちは人間として、神からいただいた自分の霊魂を、悪魔に売り渡さないために、神がカタリナに教えられた警告を、注意深く聴きたいと思うのです。

まず、悪徳について。


悪徳に三つある。第一に自愛心で、それから第二の悪徳、自尊心が生まれ、自尊心から第三の悪徳、傲慢が生まれ、それと共に、不義、残酷、その他すべての邪悪で卑劣な罪が生れる。

（『対話』第三八章）


イエス・キリストが、アダムの罪を御自分に背負い、御父との和解を展いて、第二のアダムとして、私たちの霊魂の父と一体となられたように、聖マリアは、エバの罪を「心」に負って、御子の弟子として「謙遜」によって私たちの罪の赦しの取りなし手として、第二のエバと呼ばれています。

エバは、まさに現代の私たち女性としての姿を見せているように思います。心理療法の現場で、「私には愛がありません。」「私のお得意は自愛心です。でも傲慢ではありません」と言う女性がいます。

神は、カタリナに、愛の木は謙遜の谷に根をおろし、自愛心の木は傲慢の山に根をおろしている、と教えておられます。ですから、私たち女性として、傲慢とは何なのかを知る必要があります。

傲慢は、人目に立つことを欲しがる。……傲慢は、いつも名声と心の虚栄との煙をあげる火であって、傲慢家は、自分には属さないものを誇りにしている。それと同時に、傲慢はひとつの株であって、多くの枝を生ずる。その中の主なものは、個人的な名声欲で、他の人より偉くなりたいという望みをかき立てる。その結果、心は、誠実高邁ではなくなり、二心を抱くようになる。口では一つのことを言っていても、心は別のことを考えている。自分の利益になりさえすれば、真実をかくして、うそをつく。この悪徳は、ねたみを生む。ねたみは絶えず心をくい荒す虫であって、自分自身の善も、他人の善も、楽しむ余裕を与えない。

神は、ここでも言われるのです。「わたしのあわれみは、かれらを忍耐深く見まもる。……かれらに、その過失を認めさせたいから」と。

（『対話』第三三章）

カトリックの信仰は、聖母マリアの取り次ぎを大切にしています。

聖母マリアをとおして神に願いを献げるとき、私たちは自分の中に巣くうこの恐ろしい傲慢の虫から、聖母マリアの謙遜の徳によって、解放されることを無意識ながら祈っていることになります。

この教えは、もっと意識して、言葉に出して祈ることを勧めています。意識化すると、不安は消失するのです。私たちは、もっと傲慢を意識して回心しなければならないのです。そのとき、私たちの霊魂の中におられる方は、姿を現わしてくださるに違いありません。

10

カタリナが、神の誉れと霊魂の救済のために献げた犠牲について、ライモンドの著述が多面的に語っていますが、それは、彼女が神の愛と御子の血によって、また、聖母マリアの謙遜によって、深く神と一致していたことを示しています。

『対話』第三八章に、神はカタリナに、ほんの一瞬、悪魔の姿をお見せになられたことが載っています。「われにかえったあなたはもう一度これを見るよりは、審判の最後の日まで、火の道を歩くのを選んだに違いない」と神は言われ、あんなものではなく、神から離れた霊魂に、各自の過失の重さに応じて、その姿をもっと恐ろしく見せるのだ、と言われます。

カタリナは、こういう体験をふまえた教えを受けているゆえに、地獄に落ちる霊魂を、放っておくことができないのです。

この章は、地獄にある主な責苦を、四つ、神はカタリナに示されました。

第一は、地獄に落ちた者は、神を見ることができなくなること。

第二は、良心の虫によって、自分たちの過失を、絶えず思い知らされること。

第三は、悪魔を見ることによって、自分自身をもっとよく認識し、良心の虫によって、増々苦しむこと。

第四は火。神の正義によって、火は霊魂を焼き、滅ぼすことなく苦しめ、その罪の種類により、違った方法で、過失の重さに応じて、罰せられる。

この責苦に、寒さ、暑さ、歯ぎしり、その他全ての責苦が加わる、と言われます。

この恐ろしい地獄に落ちないようにするには、自分の「心」を常に見つめていき、告解によって赦しの秘跡に与る以外ないのですが、キリスト者として、回心の機会を与えられている教えがありますので、見たいと思います。これは、「世に対する告発」としての教示です。

世に対する告発に三つある。第一は、聖霊が、弟子たちの上に降ったとき行なわれた。かれらは、わたしの力によって強められ、わたしの最愛の「子」の英知によって照らされ、すべてを、聖霊の充ち満てる中で授かった。そのとき、わたしと「子」と「一つ」である聖霊は、使徒たちの口により、わたしの「真理」の教えをもって、世を告発した。世を告発するのは、かれらであり、かれらから発するすべての人々、すなわち、かれらの教えによって受けた真理に従う人々である。

これが、聖霊と、わたしのしもべたちとによって、わたしが絶え間なく行う告発である。

この教えは、みことばに従いなさい、という教えです。みことばを伝える人の教えに従いなさい、それから離れないように学びなさい、というアドバイスです。この教えの中に、天への道が示されているのだから、と。なぜなら、それは、人間となられた神、主イエスの生涯を通して、御父の愛がつぶさに現実化しているからなのです。

神は、続けてカタリナに教えます。

この「言葉」に従った他の人々は、どういう人々であろうか。あなたがたのように、死すべき被造物、あなたがたのように、苦しむことができ、あなたがたのように、肉と霊との戦いを、身をもって体験する被造物である。それは、わたしの先ぶれである栄光に輝くパウロであり、他のおびただしい聖者である。かれらはみな、それぞれの道で、受難者だったのである。わたしは、この受難を許したし、また、許しつづける。それは、霊魂における恩寵の成長と、善徳の進歩とのためである。聖人たちは、あなたがたのように、罪から生れたのである。あなたがたと同じ食物によって、養われたのである。それに、「わたし」は、今も、昔と同じ神で、わたしの力は衰えなかったし、衰えることはないであろう。わたしは、いつも、わたしに助けを求める者を、助けることができ、助けたいと望み、助ける方法を知っている。

（『対話』第三六章）

全能の神に依り頼まないのは、また、罪の許しを乞わないのは、まさに傲慢の罪の何ものでもないことを教えられます。

第二の告発は、もはや薬がなくなった最後の瞬間に行われる。人間は、死の瀬戸際に立たされる。そこで、良心の虫に再会する。……その時、至高かつ永遠の「いつくしみ」であるわたしに背いたことのために、痛悔を抱くならば、まだ、あわれみを見出すことができるであろう。しかし……自分自身の苦しみしか考えず、わたしに背いたことを悔むかわりに、自分の滅びを嘆きながら、越える。こうして、永遠の滅びに陥る。その時、わたしの正義は、その不義と誤断とを、きびしく告発する。……この霊魂は、わたしに対する侮辱よりも、自分の滅びを悲しむことによって、犯した不義を告発される。なぜなら、わたしに返すべきものをわたしに返さず、自分に返すべきものを自分に返さないからである。わたしには、愛を返す義務があり、自分のためには、苦痛と、心の痛悔しか要求することができない。これを、わたしの前に献げなければならない。ところが、自分に対してしか、愛と同情を抱かず、自分の過失が呼びこんだ、苦しみしか悲しまないのである。

（『対話』第三七章）

ここで神は、自愛心のもつ盲目性を糾弾されています。神の愛によって、神の似姿として造られた霊魂も、心の深いところのささやき、良心をも無視して、自分ひとりを〝よし〟として生きたからです。その官能に。死の瞬間、良心が目覚め、してきたことをとがめ、一層、自分の不幸を嘆き、苦しみを増し、それが「創造主」への侮辱になることを教えられます。

子供が親に反抗するとき、「頼んで生んでもらったわけじゃない。お父さんとお母さんの快楽が産んだのでしょう。悪くなったのは、お父さんとお母さんのせいだ」と言うことがあります。この子供の言葉の前に、両親は何も言えず、やり場のない悲嘆にくれます。

この時、「あなたを愛をもって産み、かわいい、と思って育てたのだ」と言って欲しいと思います。この言葉の前に、子供は沈黙します。この言葉を聞きたかったからです。

死に直面する間に、といっても、その時は年齢にかかわりなく来ますから、常に今、私たちは、自分に、神さまは私たちを愛によって造って下さったのだ、と言いきかせ、神に御礼を申しあげる習慣を作ることをしたいですね。わたしも、あなたも、みな、神さまの愛によって存在を得たのですから。

職業柄私は言えるのですが、子供が親に暴言を吐くときそれを受けとった親よりも、もっと深く、子供の心の方が傷ついています。私はすぐにあやまることを勧めますが、その取り次ぎをしてあげると、親子の関係は回復し、柔らかさと温かさを取り戻します。これは愛と信頼の回復です。美しいです。

神は、カタリナをとおして、私たちに死の瞬間に犯してはいけない罪を教えておられます。「自分のみじめさは、神のあわれみよりも大きい、と思ってはいけない」と。

神は、どんな罪も、痛悔すれば許してくださることを教えられます。信仰者は、これを忘れてはいけないのです。ユダは、この誤断に陥りました。

ユダは、銀三十枚でイエスを売り渡したあと、この罪に気付きました。銀を返しに行きましたが、受け取ってもらえませんでした。それを神殿に投げ入れて、首をつって死にます。彼は、自分の罪は重過ぎて、神は許してくださらない、と自分で判断し、自害するのです。

神はカタリナに語られます。

ユダの絶望は、その裏切りよりも、わたしにとっては、もっと不快であったし、わたしの「子」にとっては、もっと重大だったのである。自分の罪は、わたしのあわれみよりも重い、と思う誤断が、告発されるのは、そのためである。

（『対話』第三七章）

カタリナの祈りは、常にこの神のあわれみにすがるものでした。彼女は「脱魂」によって、神のみ国に昇り、その秘密を知り、それによって、霊魂はこの世から自由になりながら、心と肉に苦しみを負って、「霊魂の救済」をしていました。『聖書』が証する主イエス、人となられた神の偉大なる御生涯は、在世中は、肉体をとおしての限界の中に置かれていました。それは御父のみ旨であったと私たちは知っています。けれどもまたその限界は、十字架の死と復活によって取り除かれていることも、知っています。

神は、第三の告発、公審判を次のようにカタリナに教えられます。

第三の告発について説明しよう。公審判がこれである。このとき、あわれな霊魂は、その肉体と一致する。そのため、苦しみがあらたにされ、増大する。しかも、堪えがたい断罪が下されて、恥辱に圧倒される。

わたしの、「子」「言葉」が、神的な権力をもって、世を告発するために、神的な尊厳を帯びて、来臨するときは、家畜小屋のなかで、動物の間に、「乙女」の胎内から生れたとき、あるいは、二人の盗賊の間に、死去したときのように、みじめな貧者として、出現することはないことを知ってほしい。

そのとき、「わたし」は、かれの中にあったわたしの力をかくし、かれが、人間として、苦しみと責苦とを、たえ忍ぶことを放置した。わたしの神としての本性が、人間の本性から分離されたわけではない。しかし、かれが、あなたがたの過失をつぐなうために、人間として、苦しむのを放置したのである。

この最後の瞬間、かれは、このような姿で出現することはない。世を裁くために、かれ自身の位格において、権力を帯びて来臨するであろう。恐怖におののかない者はないであろう。そして、各人は、当然受けるべきものを、受けるであろう。

断罪されたみじめな人々は、かれを見ただけで、言葉で表現できないほどの苦悶と恐怖とに襲われるであろう。義人たちは、畏敬と大きな喜びとを抱くであろう。かれの顔は、変わらないであろう、なぜなら、かれは不変だからである。その神性によって、わたしと同一であるから不変である。また、復活の栄光を帯びてからは、その人性においても不変である。しかし、断罪された者の目には、恐るべきものに、見えるであろう。なぜなら、かれらは、自分自身のなかに抱いている、恐怖と暗黒との目をもって、かれを見るからである。（『対話』第三九章）

ここで私たちは、この世に生きることが、如何に大切であるかに気付かされます。この世で受ける精神的、肉体的苦しみは、私たちの罪のあがないなのだ、と気付かされるからです。

主は言われました。五体満足で地獄に落ちるよりも、不具になって天国に入る方がよい、と。見せかけは、何の役にも立たないことを。陥り易いこの迷いを晴らしていただくために、天国にいる人たちの栄光について、神がカタリナに語られたことを、見てみたいと思います。

仁愛の情念の中で、生命を終える義人の霊魂は、……愛の中につながれている。……愛の中で、永遠にわたしを見て楽しむ。……かれらが、みな一緒に所有している普遍的な「善」のほかに、他人の幸福も楽しみ喜ぶし、仁愛の情念によって、相互の個別的な善を、分かち合うのである。……

　肉体が、その復活後、至福を与えられることによって、霊魂の至福が増加すると思ってはならない。……なぜなら、霊魂は完全性に欠けるところはないからである。肉体が、霊魂を至福にするのではない。霊魂が肉体に、その至福を分かつのである。霊魂は、終わりの日に、遺骸として残した自分の肉を、ふたたび着けるとき、自分のゆたけさを、これに与えるのである。

　霊魂は不滅であり、わたしの中に確立され、固定されているので、肉体は、この霊魂との一致によって、不滅になり、その重力を失って、微妙軽快になる。栄光を帯びた肉体は、ひとつの壁を通ることを知ってほしい。火も水も、これに害を加えることができない。これは、肉体特有の力ではなく、霊魂の力であり、これを、わたしの似姿として創造した。名状しがたい愛によって、与えられたものであり、恩寵による特権である。……

　ああ、かれらにとって、絶対的善であるわたしを見るのは、どんなに楽しいことであろうか。栄光を与えられたその肉体を、所有することは、どんなに喜こばしいことであろうか。この幸福は、公審判においてしか、所有することができない。

（『対話』第四一章）

神は、この教えの終りに言われます。

主イエスが、審判のために来臨するとき、自愛心に生きて断罪された人たちには、憎しみと、正義とに満ちているように見え、救われた人たちには、愛とあわれみとに満ちているように、見えるであろう、と。

なぜ同じ主イエス・キリストが、このように違って見えるのでしょうか。それは、私たちの「良心」が、自分たちの心によって、そのように見せるのだと教えられます。

私たちに必要なのは、正直に自分の心を見つめ、二心を抱かないこと。そして、この世で受ける苦しみは、有限の時間の中での、神のさとしであると気付くこと。罪に気付いたら、早目に告解して、心を洗い清めること。そして、常に、私たちの霊魂が、神の存在の分かたれた存在であることを言いきかせ、その中に、神の御顔を捜し求める「信仰の旅」に出ることではないでしょうか。そのときエマオの道で、弟子たちと共に歩いてくださった主は、私たちの旅にも同伴して下さるに違いありません。

11

神が、カタリナに、霊魂の三つの段階と状態について教えられる章があります。

霊魂の三つの段階と状態について……この状態のうち、第一は不完全であり、第二はもっと完全であり、第三はきわめて完全である。

第一の状態にある人は、わたしにとって、やとわれ人であり、第二の状態にある人は、わたしにとって忠実なしもべであり、第三の状態にある人は、わたしにとって、子供であって、自分のことは考えないで、わたしを愛する。

この三つの状態は、多くの被造物のなかに、別々に見出すことができる。しかし、ときとして、同一の被造物のなかに、三ついっしょに見出すことができる。すなわち、その時間をよく利用し、完全な心がけをもって道を走り、やとわれ人の状態から、自由な人の状態に移り、自由な人の状態から、子供の状態に移る人の場合がこれである。

（『対話』第五六章）

『聖書』には、やとわれ人は、狼が来ると、自分の羊を置いて逃げる、と記されています。この人たちは、「苦しみをしのがなければならないのを恐れて失望」して、神から去っていく（『対話』第六〇章）と、言われます。目的地に着けないのです。

「忠実なしもべ」となっても、「隣人に対する奉仕において、なまぬるく、怠慢で、その仁愛は後退する。それは、かれらの中に見出していた、自分自身の利益、または慰めが得られないからである。かれらの愛は純粋ではなく、わたしを愛する不完全な愛によって、隣人を愛する。すなわち、愛のなかに、自分自身の利益を求めるのである（同章）。」これによって、目的地に着けない、と言われます。

もしも、かれらが、聖なる祈りの勤行と、その他の善行とを放棄せず、いつも堅忍して歩み、善徳に進歩するならば、この子供の愛に達するであろう。……事実、しもべは、その善徳においても、主人に対して抱く愛においても成長し、きわめて親密な友人となることができる。……かれらが、その不完全さを恥じ、善徳を愛しはじめ、憎しみをもって、自分自身の中から、霊的自愛心の根を引き抜き、良心の裁判席に座り、理性に訴えて、かれらの心に、至聖なる信仰の光明によって、是正されない奴隷的な恐れと、欲得づくの愛とを許さないならば、わたしに大きな喜びを与え、友人同志の愛に達するであろう。そうなると、わたしは、かれらに、わたし自身を示すであろう。……肉体は二つであるが、霊魂は愛情によって一つになる。……かれらが一つの霊魂になるならば、かれらの間には、なにものも秘密ではありえない。

（『対話』第六〇章）

聖カタリナは、この第三の状態に到達し、神は、彼女に必要な知見と見神の恵みを与え続け、未来に続く希望、これは初めに見た二九歳のときの示現を示されたのでした。

神のこまやかで、あらゆる角度からカタリナに語られる教えは、神を捜し求める心には価値があります。その教えの核心は、自愛心の根絶であり、神の愛に対する愛の応答であり、隣人に対する隠れた愛の実践であることを教えられます。

わたしが、あなたがたを愛する愛によって、わたしを愛してほしい。しかし、わたしに対しては、これを実行することができない。なぜなら、わたしは、あなたがたから愛される前に、あなたがたを愛したからである。それで、あなたがたが、わたに対して抱く愛はみな、負債を返すための愛であって、恩恵としての愛ではない。ところが、わたしのあなたがたに対する愛は、恩恵であって負債ではない。それで、あなたがたは、「わたし」に、わたしが要求する愛を返すことができない。そのため、わたしは、あなたがたを隣人の間に置いたのである。そうすれば、わたしのためになすべきことを、かれらのために、なすことができるからである。すなわち、なんの恩恵も利得も期待しないで、かれらを愛することができるからである。その上、わたしは、あなたがたが、隣人のためになしたことを、わたしのために、なしたことと見なすのである。……この愛は純粋でなければならない。

(『対話』第六四章)

神が、カタリナに教えられたように、私たちも、主イエス・キリストを見つめなければなりません。その十字架の死と復活に到る、主イエスの御生涯を見つめなければなりません。愛することができるまで、見つめなければなりません。なぜなら、主の御生涯には、御父への愛、私たちへの愛しかないからです。

十字架は、天国への門です。そこからしか私たちは天に帰れません。

『対話』第六五章は、霊魂が純粋で惜しみない愛に到達するために、用いる手段があることを教えてくださいます。

それは、「主の教えに従い、善徳に対する真の愛と、悪徳に対する憎しみとにより、完全な堅忍によって、自分自身の認識の独房にこもり、そこで徹夜と、絶えざる祈りとの中で、世との交わりを、完全に断つこと」である、と。

言葉だけを見ると、非常に難解で、完徳を目ざすことは絶体に不可能に思えます。

ここで私は思うのです。聖カタリナは、特別な生まれを生れたわけではなく、また世の中で、平和のために政治的にも仂かれた方であるし、たくさんの奇跡は、カタリナをとおして、主がなさったことだということ。神との一致への望みを捨てることなく、願い求め、自愛心と戦い、祈りによって勝利して行ったこと。

神は、私たち一人ひとりを愛し、導いておられる方です。ここには秘密が隠されているに違いありません。その時代、置かれた場、置かれた状況は一人ひとりみな違うのです。とにかく、神と出会う「希望」に向かって、主が約束してくださったみ国への入場券を手に入れるためには、み言葉を信じる「信仰」があります。それを深めるために「祈り」があります。さまざまな「勉強」があります。私たちのできる小さなことを、愛をもって、「行う」ことがあります。主イエスを見つめて、いつも心に、主の愛を思い、聖人が教えてくださるように、「愛を告白する」ことができます。

同じ章で、神は、「生きている信仰」を見分ける「しるし」を次のように教えられます。「善徳における堅忍」、「うしろを振り返らないこと」、「祈りを放棄しないこと」、と。

聖カタリナは、しばしば悪魔からの攻撃を受け、苦闘して常に勝利を収めていたことは、ライモンドの著書に載っています。それは驚くべきことで、事実です。彼女を不屈の闘士にしたのは、神への愛でした。

その著書『シエナの聖カタリナ』の第一部第九章に、カタリナの上に降った大きな恵みが記されています。

かの女が愛していた「かた」は、その熱情を見てほほえまれ、あまたの恩寵によって、かの女をはげまされた。主は、これほど忠実な羊に牧者を与えず、こんなに勉強したいと望む生徒に、良師を与えないで放置するのを、望まれなかった。しかし、一人の人間、あるいは、一位の天使を与えられたのではなかった。ご自身、その愛する浄配を導かれた。（『シエナの聖カタリナ』第一部第九章4）

主イエスがカタリナを、霊示と出現によって、私たちが他の人と話すような様子で、啓示をお与えになったことを記したのち、神からの示現と、敵の示現との識別を、教えられたことが載っています。

主は言われます。

あなたの霊魂を直接に照らして、示現の起源をただちに識別させるのは容易である。しかし、あなたと、他の人々との利益のために、わたしが「真理」を認識させる博士たちに教えることを、あなたに話したい。わたしの示現は、恐怖にはじまり、平和の中に続く。その始めには、ある種の苦痛を感じるが、少しずつ楽しみに変る。悪霊の示現は、これと反対である。最初は、ある種の喜びを与えるけれども、いつも不安で終る。

それは当然である。なぜなら、わたしの道は、全く違っているからである。つぐないと、わたしの掟との道は、最初きびしく、つらく見える。しかし、進むにつれて、心地よく、やさしくなる。

悪の道は、これに反して、最初の瞬間は心地よい。しかし、間もなく、苦しみと危険とがあらわれる。

もっと誤ることのない、しるしを示そう。わたしは「真理」である。それゆえ、わたしの示現は、霊魂に真理を通じ与えなければならない。そして、真理において、霊魂に、もっとも必要なことは、わたしを認識し、自分を認識することである。この二つの認識は、霊魂に、自分を卑下させ、わたしをあがめさせなければならない。それが、謙遜である。

それで、わたしの示現は、霊魂に、自分は無である、という真理を理解させ、これを、謙遜にさせる。

ところが、悪霊の示現には、反対のことが起る。かれはいつわりの父、傲慢の君主であるから、自分が持っているものしか、与えることができない。すなわち、かれの示現は、いつも、霊魂に、これを刺激する自尊心を与え、これを虚栄によって満たす。

注意深く反省するがよい。そうすれば、あなたが受ける示現が、真理から来るものであるか、いつわりから来るものであるかを、認識することができるであろう。真理は謙遜を与え、いつわりは傲慢を与えるのである。……

この時から、示現と、天上的語らいとは、いちじるしく増加した。……カタリナは、その祈り、その瞑想、その徹夜、その睡眠の間、それぞれの方法で、同じ幸福を楽しんでいた。かの女が、誰かと話しているとき、主は、しばしば彼女に現れて、その精神と語られた。それでも、彼女の唇は、始めた会話を続けていた。しかし、この状態は長く続かなかった。その霊魂は、熱愛する方に奪われて、その感覚を去り、脱魂状態に入っていた。

この超自然的関係は、かの女に起った驚くべきこと、その異常な断食、その感嘆すべき教説、そして、その生涯の間、わたしたちが目撃した、神の力による数々の奇跡を説明する。この超自然的関係こそ、かの女の全ての行為の起源、その原

因であって、かの女の不思議な生涯を、理解させてくれるのである。(同章、4、5)

聖カタリナは、このように、光化されている肉体を持つ主と、お会いし、語り、詩編を唱え、賛歌をうたい、共に連れ立って町を歩いておられましたが、御聖体に対する飢えと恵みもまた、その信仰と愛によって、特別に与えられていました。

前に、告発のところで見ましたように、弟子たちに聖霊が降ったとき、私たちは告発されたのです。み言葉をいただきながら、それをないがしろにすることは「罪」なのだ、と。なぜなら、み言葉は、真理、道、命だからです。み言葉は、御父が似姿として造ってくださった、わたしたちの霊魂の糧だからです。そして、もっと具体的に、「御聖体」と「御血」を、秘跡として残してくださいました。御聖体は、目には見えない主の御光体です。この尊い「御聖体」を、習慣のように、また、感謝なく受けることの罪は、大きいのではないでしょうか。私は、御聖体を拝領するのは、告発を受けているのだ、と思います。

カタリナが、努力なしに聖女になったわけではありません。主が許された悪魔からの試みは、彼女の官能を徹底的に無に帰すためのすさまじいものでした。こうして、かの女は、ついに完全断食にまで進み、多く人の好奇な眼と、懐疑、中傷のなかで、増々聖寵を受け、霊魂の救済と、平和のために仂くのです。平和のためにに仂くとき、それは政治的な仂きでした。このかの女を支えたのは「御聖体」でした。

ライモンドは、著書の第二部第五章で、「神は、かの女に、しばしば祭壇を訪問し、できるだけ司祭の手から、その霊魂と肉体とを、喜びに満たす『かた』を、さずかるようにすすめられた。……それは、愛のあらたな泉であった。したがって、愛のわずらいの泉であった。かの女の信仰は、聖霊が、かの女の霊魂に燃え立たせていた仁愛を、ますますかき立てていた。それゆえ、かの女は、ほとんど毎日、聖体を拝領した」と、記しています。

『対話』第一六六章には、神がカタリナに教えられた「聖体の秘蹟」についてが語られています。

霊魂は、わたしがあなたがたのために、聖なる教会の神秘体の宿舎に、委託した秘蹟を、食物として与えられる。この秘蹟とは、まことの神であるとともに、まことの人である、わたしの「子」の「体」と「血」である。わたしは、この「血」の鍵をもつ、わたしの代理者の手に、その管理を委ねた。

この宿舎は、すでに話したように、「橋」の上に、わたしの「真理」の教えに従う旅人と、巡礼者とに、食物を与え、力をつけさせて、中途で倒れることがないようにするために、設けたものである。

この食物は、これを食べる者の、望みに応じて差はあるけれども、また、どのような方法で、これを食べるにしても、すなわち、秘蹟的に食べるにしても、実効的に食べるにしても、力を与える。秘蹟的に、というのは、聖なる秘蹟を、現実にさずかることである。実効的に、というのは、聖なる望みによって、すなわち、これをさずかることを望むことによって、あるいは、十字架につけられたキリストの「血」を、観想することによって、これをさずかることである。別の言葉で言うならば、わたしの「仁愛」の情念を、さずかることであり、愛によって流された「血」を見出し、味わうことである。聖なる望みによって、酔わされ、燃え立たされ、飽かされ、わたしに対する仁愛と、隣人に対する仁愛とに、満たされることである。

（『対話』第一六六章）

ライモンドは、その著書の第二部第一二章で、聖トマス・アクィナスの教説を解説して、頻繁な聖体拝領に対して、次のように言っています。

「信徒はみな、この偉大な秘蹟の要求する、信心と敬意とを抱かなければならない。そして、頻繁な聖体拝領によって、敬意が弱まるのを認めるならば、これをあらたにし、高めるために、ときどき止めなければならない。しかし、その敬意が衰えるかわりに、かえって高まるならば、頻繁にこれを拝領しなければならない。なぜなら、立派な心情を抱いている霊魂は、これほど有効で、感嘆すべき秘蹟によって、必らず大きな恩寵を、獲得することができるからである」と。そして、カタリナが、あらゆる点で、その教えに従っていた、と記しています。カタリナは、聖体拝領を断わられたときの苦しみを、ライモンドは理解し、「わたしは、かの女が望んでいたなぐさめを与えるために、全力を尽くした」と記しています。

「御聖体」は、このように、カタリナを支えていました。

同章に、「それゆえ、教皇グレゴリオ十一世は、かの女に、いつも一人の司祭に付き添われること、携帯用祭壇を用意しておくことを許可された。このようにして、かの女は、いたる所で、別に許可がなくとも、ミサを拝聴し、聖体を拝領することができた」と、記しています。

この章には、カタリナと、不思議な「御聖体」との記述がありますが、その中から一つだけ、かいつまんで述べたいと思います。

ライモンドは、カタリナの望みによって、ミサをささげるための時間を遅らせて待ちます。カタリナは、脇腹の痛みと他の苦しみとで、一層御聖体を欲し、ことづけを頼んだのです。三時課（朝九時）の時刻に、かの女は教会に来ましたが、カタリナの同伴者は、その日の聖体拝領を断念するようにすすめます。というのは、かの女が聖体を拝領するときは、三、四時間教会に居残り、その上、脱魂に陥るので、慣例どおりに、教会を閉めることが出来ないことから、不平を言われるためでした。かの女は、反対できずに祈ります。「あなたが、わたしの心に抱かせてくださった望みを、人々は満足させることができませんから、あなたご自身、満足させてください」と。

ライモンドは、カタリナが教会にいることを知らず、カタリナが来るのを待っていた場所に来た人から、「今日は聖体を拝領することができませんので、お気に召す時に、ミサをささげてくださいとかの女が言っている」、という伝言を受けます。彼は、すぐミサを立て、ホスチアの分割をします。この時、ホスチアは三つに割け、小さい一つがなくなります。彼は辺り一帯まで捜しますが見つかりません。それでも捜すために、人を近付けないように頼んで、カタリナに会うために来訪したカタリナに話しのある修道院長を連れて、かの女の家に行きます。かの女が、教会に行ったことを知らされ、カタリナに会うために引返します。かの女が脱魂に陥っているのを知り、かの女の伴侶たちに、正常に戻らせてくれるように頼みます。……ライモンドは、ホスチアが無くなった苦悩を、ひそかに話します。

かの女は少し微笑して、何もかも知っているかのように、わたしに言った。「よく探さなかったのですか。」……修道院長との話のあいだは、沈黙を守った。修道院長は、求めていた答えを聞くと立ち去った。わたしは、以前よりは落ちついていた。そして、言った。「母さま、わたしは、聖いホスチアの小部分を取ったのは、あなただと思います。」かの女は、おだやかに答えた。「神父さま、わたしをとがめてはいけません。それは、わたしでなく、もう一人のかたです。ただ、申し上げることができるのは、あなたは、この部分を見つけることができない、ということです。」そこで、わたしは説明を求めた。かの女は言った。「この部分について、少しも心配しないでください。わたしの聴罪司祭、わたしの霊父であるあなたに、真実をお話しします。この部分は、わたしに与えられました。わたしは、それを、聖主イエス・キリストご自身からいただきました。わたしの伴侶たちは、ある種の苦情を避けるために、今朝は聖体を拝領しないようにとすすめました。わたしは、かの女たちを悲しませたくありませんでした。しかし、親愛する天配に頼りました。天配は、ご自身わたしにお現れになり、あなたから取ったこの部分を、わたしに差し出されました。わたしは、その聖いおん手から、それをさずかりました。どうぞ、主において喜んでください。なぜなら、わたしは今日、わたしの救い主を、どんなに賛美し、わたしの救い主に、どんなに感謝しても足りないほどの、恩寵をいただいたからです。」この説明を聞いて、わたしの悲しみは喜びに変った。この言葉に安心して、なんの心配も抱かなくなった。

（『シエナの聖カタリナ』第二部第一二章8〜12）

こういう美しい聖人の証しを聞くと、私たちの信仰は励まされます。そして、私はいつも、神さまは私たちの望みが、私たちの霊魂の糧となるときには、何もこばまれないことを知らされます。そして、聖女と司祭とのこの温かい関係を、信仰者同志の交わりとして、「御聖体」をとおして主がなさったことを、賛美せずにはいられません。

限界をつけないこと、神は全能永遠ですから。素晴らしい聖人の教えと生き方をとおして、私たちの小さな日常の生活の中にも、同じホスチアとして来てくださっていることを、ありがたく思います。

12

ライモンドの著作の第三部は、カタリナの聖性を総括して伝えています、カタリナの神との一致への巡礼は、持続する人間的努力と、その努力を支える「望み」の純粋さによって、神を呼び降したのでした。

カタリナの人間的努力の一端として、かの女が、生活習慣をどのように変えていったかを見たいと思います。

カタリナ六歳の時の示現、兄と共に、母のおつかいをすませて帰る道すがら、ドミニコ会の教会の後陣に、教皇の祭服を着けられた主が、聖ペトロ、聖パウロ、福音記者聖ヨハネをお連れになって現われ、かの女を愛の目ざしと十字のしるしとをもって祝福されたことは、この書の初めに記しました。

ライモンドは書いています。この示現を見たあと、「まだ年端もいかないのに、子供の習慣をすてて、苦業と念祷に身を委ねた。かの女の進歩はきわめて早く、その翌年、七歳のとき、良く考え、熱心に祈ったのち、聖母マリアのみ前で、貞潔の永久誓願を立てたのであった」と。

この誓願を守るために、かの女は断食の方向に進みます。まず肉を断ち、日本にはない習慣ですが、子供も水で薄めたぶどう酒を飲んでいるのですが、かの女は、ぶどう酒らしい味のないものを飲み、十五歳の時には、これも止め、パンと野菜しか食べなくなります。二十歳になると、パンを断ち、生野菜だけを採るだけの生活になります。そして、完全断食に入ります。これは、二十五歳か二十六歳の時、とライモンドは記しています（第三部第六章5、6）。

カタリナは、この間、休んでいたわけではありません。貧しい家族に食糧をひっそりと運び続け、病人を看護し、家事をこなし、苦業と祈りに励んでいました。しかも、その苦業は、板を敷いたベッド、むち打ち、長い徹夜、温泉の熱湯に身を当てる等々、並のものではありません。これは、肉の発言を許さず、心を霊魂に上げる修業だったと思いますが、常にあったのは、神への信頼と、主イエスの十字架でした。

この苦業について、『聖オグスティノ隠遁者会の兄弟グリエルモ・ディンギルテーラへの手紙』で、「肉体の苦業は、意志の苦業に到達する手段である」と教えて、主の十字架に従うための手段であることを記しています。

彼はカタリナの聖性高い弟子の一人で、教会分裂の際のウルヴァノ六世の側近でした。手紙は六通あり、その一通が訳されています。

カタリナが、完全断食に入ったきっかけがあります。かの女は、苦難の道筋の中で、示現の成就の一つとして、聖ドミニコの第三会「償いの姉妹会」に入会を許され、初めての処女の会員となり、その服を着ていました。かの女は、その会の姉妹に奉仕し、迫害も乗り越えて強くなるのですが、その奉仕の一つに、会の姉妹たちから見捨てられた重病人の看護がありました。

その人の名はアンドレア。乳癌で、耐え難い悪臭を放っていたので、誰もかの女を看護しようとしなかった人です。カタリナは、それを知ると、すぐに奉仕にかけつけます。傷を洗い、包帯をし、手当てをします。

カタリナ自身の体調は、主の恩寵によって保っているだけで、人間的には、苦業による痛みや病いを、償いとして肉体に負っているのです。現実行動は、普通には不可能な体力です。けれども、かの女は肉の声を聞かず、魂の声に聞き従って行動します。

アンドレアの傷の悪臭が、カタリナに嘔吐をもようさせたときその傷口に自分の口を当て、自分に罰を与えます。アンドレアは、初めは彼女の看護に感嘆し、感謝しますが、そのうち、カタリナを中傷しはじめます。

悪魔は、カタリナに対して何もできないのを見て、鉾先を油断していた病人に向けた。不和の種子をまくことにたけた悪魔は、まず、病人にカタリナの看護に対する倦怠をおぼえさせ、次に、この倦怠を深い憎悪にかえさせた。カタリナ以外には、誰も自分の看護を続けることのできる者がいないところから、病人は、カタリナがこのように堅忍するのは、他の人々よりも、偉く思われようとする一種の傲慢によると解釈した。その上、憎悪は、その対象である人々の悪を、たやすく信じさせるのであるが、この不幸な女も、体よりは精神がもっと病んでいたので、悪魔のささやきに耳を傾け、カタリナの純潔を疑い、かの女が、自分のそばにいないときは、なにかの罪を犯しに行っていると信じるようになった。

これは、自分自身について、警戒しない人々によくあることである。このような人々は、まず、他の人々の中に感嘆していた善に飽き、ついでこれに反感を抱き、最後に、かれらの全ての行為を、邪悪で罪深いと思うようになるのである。……

カタリナは天配しか見ていなかった。……老女は、カタリナを公に、しかももっと卑劣な方法でざん言した。

このざん言は、カタリナが処女性を失っているというもので、このうわさを調べに、指導者の古参の姉妹の数名が病人に会います。アンドレアの言を信じた彼女たちは、カタリナに、残酷な叱責を浴びせ、どうして誘惑に負け、処女性を失ったかを問い正し、カタリナからは、「わたしは本当に処女です」という言葉しか聞くことが出来ません。このうわさの中でも、カタリナは変わることなく、アンドレアの看病をしますが、自室に戻ると祈りに逃避し、苦しみをささげます、その祈りには、気付きがあり、処女の評判の微妙さ、聖マリアの処女を守った聖ヨゼフの役割、悪魔の敗北が祈られます。

カタリナが、神のみ前にその祈りと涙とをささげていたとき、世の救い主がお現れになった。その右の手には、宝石をちりばめた黄金の冠を、そして、左の手には、いばらで編まれた冠を持っておられた。主は言われた。「いとしい娘よ、あなたは、この全くちがった冠を、一つずつ、前後していただかなければならない。今いただきたい方を選ぶがよい。いばらの冠を、この世でいただくなら、宝石の冠を、あの世のために保存しよう。しかし、宝石の冠を、この世でいただくなら、死後、いばらの冠をいただかなければならない。」

カタリナは、主に、自分の意志を放棄していること、主のご受難にあやかりたい旨を伝え、いばらの冠を受けて、頭に押しつけると、いばらがつきささって、示現が終ったのちも痛んだほどでした、と語っています。

主は言われます。

「わたしは、何事についても、権力を持っている。わたしは、この醜聞が起きるのを許したけれども、これを立ちどころに止めさせることができる。あなたが始めた事業を、完成するがよい。あなたを妨害しようとする悪魔に、負けてはならない。かれに対する輝やかしい勝利を与えよう、かれが、あなたに対して準備したことはみな、かれの恥辱と、あなたの栄光とに変わるであろう。」

カタリナの母親は、アンドレアに怒り、看病に反対しますが、カタリナは彼女を説得して逆に祝福を受けて、アンドレアの世話を陽気に続けます。病人の心に自責と痛悔が起き始めます。神は病人に、光明を送り、喜びと平安に包み、カタリナの顔を天使のおごそかな顔に変え、光明に包まれた姿を見せられます。病人は痛悔し、泣いて赦しを求めます。

カタリナは、このざん言の犯人が悪魔であることを話し、逆に慰めます。アンドレアは、彼女のざん言を聞いた人に集ってもらい、告白し、カタリナの変容と光明の美しさと、それを見たよろこびを伝えるのです。その後も、カタリナは看病にあけくれますが、ある日、腫瘍を洗うために開けたとき、悪臭のため、激しい嫌悪感と嘔吐をもよおします。カタリナは、それを感じた自分に怒り、「神さまばんざい！わたしの霊魂のいとしい天配ばんざい！お前がそんなに嫌がるものを飲むがよい。」と言って、傷口から出たものを洗った水を皿に入れて、飲みます。誰も見ていない所へ行って飲むのです。

夜、祈っていると、主イエスが、五つの聖い傷を示して言われます。

「いとしい娘よ、あなたは、わたしのために、大きな戦いを行い、わたしの助けによって勝利を占めた。……あなたは、官能の快楽を軽蔑し、人間のうわさをあなどり、悪魔の誘惑に勝利を占めたばかりでなく、恐ろしい飲みものを、わたしに対する愛のために、喜んで飲み、自然性に打ち勝った。あなたは、自然性を越える行為をしたのであるから、わたしは、あなたに、自然を越える飲みものを与えよう。」

こう言われて、主は脇腹の傷に、カタリナの口をあてがい、「いとしい娘よ、わたしの脇腹から流れ出るこの飲みものを飲むがよい。あなたの霊魂は甘美に酔わされ、あなたがわたしのために軽蔑した体は、たのしみに満たされるであろう」と、言われ、カタリナはそれを飲むのです。

このことがあってから、かの女は、それまでとっていたわずかな食物さえも、とることが出来なくなったのでした。

（『シエナの聖カタリナ』第二部第四章9～16）

完全断食に入ったのは、二十五、六歳とライモンドは記していますが、このカタリナを支えたのは、主の来臨の恵みと、御聖体を拝領することでした。

カタリナが、聖性の顕れとともに、カタリナを慕う人たちが集まるのを受けいれて、弟子たちを養成し、その人たちを家族と呼んでいたことは前述しました。現在福者で、カタリナの聖性の証しである『シエナの聖カタリナ』を書いたライモンド・ダ・パプアも、その一人でした。彼らは、カタリナを、「母さま」と呼ぶように、天から言われていて、弟子たち、つまり共同体の人たちは、皆、カタリナを「母さま」と呼び、カタリナは、「霊的子供たち」と呼ぶのです。司祭であるライモンドには、「霊父」と呼ぶ他に「息子」と手紙に記しています。

この霊性高いカタリナに、主が、聖マリア・マダレナを母として与えたという美しい記述があります。

ある日、天の王と元后とが、聖マリア・マダレナといっしょに現れて、かの女を慰め、勇気づけられた。主はかの女に、「あなたは、何を望むか。何を選ぶか。あなたの意志か、それとも、わたしの意志か」と言われた。カタリナは泣き出した。そして、聖ペトロのように、謙遜に答えた。「主よ、あなたは、わたしが望んでいるものをご存じです。わたしが、あなたのご意志以外に、意志を持たないこと、あなたのみ心が、わたしの心であることをご存じです。」すると、マリア・マダレナが、救い主のおん足に涙をそそいだとき、すべてを、救い主にささげたことを思い出した。そして、その時、聖女が感じた心地よさと、愛とを感じたので、聖女を見つめた。主は、かの女の望みに答えるために、言われた。「いとしい娘よ、あなたを支えるために、マリア・マダレナをあなたに与える。安心して彼女に頼るがよい。あなたを、特別にかの女に委託する。」カタリナは感謝にたえず、熱心にマリア・マダレナによりたのみ、神のおん子のお言葉どおりに、聖女の助けを哀願した。この時から、カタリナは、聖女に対して愛深い信心を抱くようになり、いつも、聖女を母と呼んでいた。

（『シエナの聖カタリナ』第二部第六章5）

この続きに、ライモンドは私見として、この二人の聖女の関係を、三十三年という主の地上生活の時に合わせて述べています。聖マリア・マダレナは、伝承によると、三十三年間、岩の上で断食して過ごし、日に七度、天使たちによって天に上げられ、神の秘密を見る観想に生きました。これは初めに紹介しました『黄金伝説』に載っています。カタリナは、三十三歳で死去するまで、脱魂によって、天上的観想の中で、同じように神の秘密を見、真理を語った共通点を記しています。

私はこのことを学びながら、神は、その人の心の奥の望みにおん目をとめられ、必要は必らず満たされることに、限界がないことを教えられると共に、天のみ国は現存していて、私たちは、もっと深く、この信頼により頼むべきであると思い、喜びを感じるのです。

13

完全な人々は、その精神の中に、わたしの現存の意識を抱いている。かれらは、たのしみを軽蔑し、苦しみを、望めば望むほど、苦しみをまぬがれて、たのしみを獲得する。なぜであろうか。わたしの仁愛によって燃えさかり、その中で、自分自身の意志を焼きつくすからである。それゆえ、悪魔は、かれらの仁愛の鞭を恐れて、かれらに近づく勇気がなく、遠くから矢を放つ。世俗は、かれらの体の皮膚を貫いて、傷を追わせたと思っているが、かえって、自分自身を傷つけているのにすぎない。的を突きさすことのできない矢は、これを放った者にはねかえるからである。世俗は、その侮辱、迫害、かげ口の矢を、きわめて完全なわたしのしもべたちに放つ。しかし、突きさすところを、見つけることができない。かれらの霊魂の庭は、閉ざされているので、矢は、これを放った者に、しかも、その過失の毒によって、有毒なものとなって、はねかえるからである。

（『対話』第七八章）

今まで見てきましたカタリナの信仰生活の一端を、よく表している言葉と思います。

神は全ての聖人に、それぞれの時、所、事象をとおして、御自分を示され、限界のない愛の鎖でつなぎ、はかないものから、永遠の喜びに招かれたことを知ります。

カタリナが、現代の私たちに語りかけられる力が、特に大きいと感じられるのは、かの女が、大家族の中で、世俗の愛のしがらみの中で、信仰を貫きとおし、隠れた善徳によって、常に神のおん目を引いていたこと、それによって、『聖書』のみ言葉を、生活の中に活かし、天のみ国の幸福を、この世で味わうという恩寵を受け、それを行動によって証しし、私たちの希望を強めてくださることにあります。

この純粋な望み、神との一致による平和を、ひとり占めすることなく、今も祈りの中で放射しておられることを知るのは、神の平和への願いに対抗して、生命の滅び、美しい地球の滅びを企図する人間の、悪魔的策略に乗じないように祈る弱い私たちの信仰に、光を与え、小さいできることから始める勇気を与えてくださいます、今、まさに、聖人方のカリスマは輝く時ではないでしょうか。

神は、カタリナに、愛する家族、まことに世俗的な人々の愛に引かれないために、心の中に独房という「禁域」をもうけることを教えられました。かの女はそれを造り、その中に、神を招き入れ、その恵みはあふれ出て、今、ここにあります。

生存中、天のみ国に脱魂によって入り、その至福を味わって、又、肉体に戻る、このことの苦しみは、想像に余りあります。天には神の愛しかなく、地には、神への反逆と汚れが満ちていたのですから。この苦しみは、主イエス・キリストの十字架の秘義を、余すところなく教えることになり、キリストに従う思いを一層強め、なお一層、神の祝福を受ける器になったのでした。この苦しみを、神は、次のように、おさとしになられました。

……この霊魂は、わたしが、これと行った一致、この霊魂が、わたしと行った一致を終って、その肉体に戻ったとき、わたしとの一致を失い、わたしに栄光をささげる不滅者たちの交わりを離れて、いかにもみじめに、わたしを侮辱する人々の中に戻り、被造物が、わたしに背くのを見ると、生きることがいかにも辛く感じる。これこそ、この霊魂がたえ忍ばなければならない望みの十字架である。
（『対話』第八四章）

そして、神は言われます。「わたしのもとに来たい、と望みながら、苦しみの中に残り、とどまることが、わたしの意志であるならば、これを喜ぶ。それは、わたしの名に、もっと大きな栄光と賛美とをささげるためであり、霊魂の救いに、もっとよく協力するためである（同章）」と。

カタリナが、『対話』に残した教えを、すべて身につけて生きたことが、修道院という特別に恵まれた場ではなかったことは、神の臨在の普遍性を立証しています。

カタリナの手紙の中に、修道者、修道女にあてたものがありますが、誰よりも修道女であったカタリナの注告と励ましが載っています。それは聖性を増し、完徳に到らしめるための、経験によった主イエス・キリストとの一致への道でした。というのは、当時の聖座そのものが、悪魔との戦いの中でゆさぶられ、それゆえにこそ、身分の低い普通の女性の信仰心の中に、確実な示現と教えによって、かくも偉大な聖性を、神はお育てになられ、共におられて、教皇座を、不動の神の愛と平和の中に収めるようになさったのでした。

カタリナ六歳の時の示現で、主は教皇の祭服をお召しでした。教皇が主イエス・キリストの代理者であることを、神はカタリナに、初めに教えられていました。

カタリナが生れた一三四七年、聖座はアヴィニョンにあり、教皇は、この世の贅と快楽に取り巻かれていました。歴史に載っている「法王捕囚」は一三〇五年です。

神は、カタリナをまず家族のしがらみの中で育て、善業を囲りに及ぶようになさり、自分とこの世とを無にする霊魂の至福を、充分に味わわせて、この世の守りに、ドミニコ会の「償いの姉妹会」の服と、ドミニコ会の修道者たちを与えられ、その聖性の発達の最後に、ライモンド・ダ・パプアを、聴罪司祭として与えられました。この展開の中に、家族と呼ばれる共同体が生れるのは、必然であったと思います。かの女が、アリシアと呼ぶ同伴の姉妹を持っていたと知ることは、その人が目立たないだけに、神の守りを感じさせます。この世で、信頼できる友が一人でもいることは、たとえそれが主と一致した人であっても、力強い支えではなかったか、と私は職業柄想像するのです。

カタリナは、自分の死後、後継者にアリシアを指名しますが、彼女は、まもなくカタリナの跡を追って死去したことが、ライモンドの著書に載っています。影になり日なたになって、この世でカタリナと共に生きた人として納得させられます。

修道者、修道女への手紙は、異端からどう信仰を守るかの教えでもあり、私たち現代人の信仰とも、深く関わっています。

神は、カタリナに、教会改革の願いを起こさせました。カタリナ在世中に、グレゴリオ十一世教皇を、ローマに帰還させるという大事業を成就させました。この時の教皇を取り巻く枢機卿のほとんどが、フランス人と親族という、まことにアヴィニョンを離れにくくする人たちでした。

カタリナ二十八歳の一三七五年、フィレンツェがグレゴリオ十一世教皇に反旗をひるがえします。このことについて、ライモンドは次のように書いています。

主の年一三七五年ごろ、いたるところに不和をまく悪意のためか、聖座の代理者たちの過失のためか、一部のフィレンツェ人の金のためか、相互の落度のためか、それまで、聖い教会のもっとも献身的な娘の一人であったフィレンツェ市は、その敵たちと合流し、その地上的権力を破壊するために、全力をあげるようになった。その結果、イタリアで六十の司教都市と千の要塞とを支配していたローマ教皇は、切れ切れになった数個の領地しか持たなくなった。そこで、教皇グレゴリオ十一世は、フィレンツェ人に対して、恐るべき勅令を発布し、かれらが通商を行っていた全ての国々の領主たちに、フィレンツェ人の全ての財産を差し押えさせた。この処罰の結果、フィレンツェ人は、教皇と友好関係を保っている人々を介して、教皇に和平を求めざるをえなかった。かれらは、ある人々から、至福なカタリナが、その聖性の名声のゆえに、教皇に好意をもって迎えられるということを聞き知った。そこで、かれらは、まずわたしがカタリナの使いとして、教皇に会いに行くことを決めた。そして、その後、カタリナをフィレンツェに呼んだ。市の重立った人々が、かの女を出迎え、かの女自身アヴィニョンに行って、聖座と交渉するよう嘆願した。神と隣人とに対する愛に満たされ、教会の善を獲得することを、熱望していたカタリナは、この旅行を計画し、わたしが先に行ってアヴィニョンに着いた。わたしは、二人の通訳をつとめた。なぜなら、教皇はラテン語を話し、カタリナは、トスカナ語を話していたからである。

（『シエナの聖カタリナ』第三部第六章26）

教皇は、和平をカタリナの手に委ねます。ところが、カタリナはフィレンツェ人に裏切られます。それでも、カタリナは、教皇に、かれらに対して裁判官の厳格さを示すよりも、父のあわれみを示すよう願います。

ライモンドは、この事件をあやつる数名の悪いかしらがいることを知り、教皇に報告します。教皇は再び、カタリナへの権限を与えます。このときカタリナは、神に忠実を守っていた人々から大歓迎を受けます。

カタリナは平和を説き、分裂を続けさせている人々を役職からはずす必要を訴えます。かの女は、霊魂の救いに、平和は不可欠であり、かれらが、ローマ教会から、その争うことのない諸権利を剥奪するよう積極的に協力したこと、単なる私的利益に関しても、神と良心との前で、他の人々から奪ったもの、奪わせたものを、返す義務があることを説き、ゲルフ党のかしらたちと、多数の善良なキリスト者は、かの女の考えに賛成し、市の統治者たちに、言葉だけではなく、行動によって、平和のために仂くよう要請したのです。

平和を望まない者たちから大反対が起り、それが混乱となり、カタリナの意志に反して、過激化します。軍隊も出動、復讐戦となり、財産剥奪、家を焼き、殺害まで起こります。

和平を望んでいた人々は市外に立ちのき、和平を妨害している者を更迭するようすすめたカタリナは、大きな危険にさらされます。煽動者たちは、カタリナを殺すようかり立て、かの女を自分の家に迎えていた人々は、かの女の同伴者と共に、追い出します。

カタリナは無罪を確信していましたので、教会のため耐え忍び、同伴者たちをはげまし、主にならって、庭園のある所に退いて祈ります。そこへ、剣や棒を手にした暴徒が、カタリナを殺そうと大騒ぎして来ます。殉教を覚悟のカタリナは、狂暴な男の前に進み出て、言うのです。自分は殺してもいいが、同伴者に手をふれてはいけない、と。

男はたじろぎ、「……わたしは天配に、生きたホスチアとして自分をささげます。

もし、あなたが、わたしを殺す役を引き受けているのでしたら、恐れないでやりなさい。逃げかくれはしません。しかし、わたしといっしょにいる者には、絶対に害を加えてはいけません。」この言葉に、男たちは恥じ入って立ち去ったのでした。

この騒ぎの後も、恐怖から、誰もカタリナ一行を迎える家はなく、一行は、隠遁者が住んでいた人里離れた所に退きます。

シエナに帰るようにすすめる友人たちには、「父と子供たちとの間の和平が確立されるまでは、フィレンツェを離れることはできません。なぜなら、主から、その命令をさずかっているからです」と応えます。

この嵐を起した人々は裁判にかけられ処罰され、方々に逃げ、カタリナはフィレンツェに戻ります。そして、グレゴリオ十一世が死去し、ウルバノ六世が教皇に選ばれたとき聖座とフィレンツェ人との間に和議が成立し、カタリナは、主の命令をはたして帰途につくのです、この間、彼女の霊的子供たちは、彼女を離れませんでした。カタリナの神との一致は、その子供たちにも及んでいたことが分かります。このときカタリナは三十一歳になっていました。この世の食事はとっていませんが、主からの「いのちの糧」を頂いていたのでしょう、帰天の二年前です。

フィレンツェが、アヴィニョンにいるグレゴリオ十一世教皇に、反旗をひるがえして争乱を起こしたのは、カタリナ二十八歳の一三七五年です。この争乱はイタリア諸都市を巻込むローマ教皇庁に対する反逆でした。

カタリナは、教皇に反逆することとは、主への反逆と思っていますし、教皇座がローマにないことも問題視していて、祈っていたと思われるのは、ライモンドに送った第一の手紙で分かります。この手紙は、一三七六年初めとあり、かの女が、教皇とフィレンツェとの和解のため、アヴィニョンに行ったライモンド一行をはげますためのもの、と訳者注にあります。前書きのあと、次のように記しています。

イエス・キリストにおいて、いとしい息子たちよ、みじめな母であるわたしは、あなたがたの心と愛情とが、神を人間に、人間を神に、一致させ結合させたあの鎖によって、一致し結合して、十字架に釘づけにされるのを熱望しております。わたしの霊魂は、あなたがたの心と愛情とが、肉となられた「み言葉」、甘美なイエスに一致し、悪魔も被造物も、そこからあなたがたを、引き離すことができないほどであるようにと、願っております。

（『ライモンド・ダ・パプアへの手紙』第一の1）

この手紙の意味を、よく分からせる内容が、四月一日にかの女が受けた啓示と示現をつづることによって、示されています。

それは、当時受けている教会の迫害が、将来の教会改革につながるものとして、神が許されたものであることを認識させるものでした。

わたしがこの迫害の時を許すのは、わたしの「浄配」をすっかり取り巻いているとげを引き抜くためである。しかし、人々の罪深い思いを許すわけではない。……わたしは世にあったときしたようにするのである。わたしは、綱で笞をつくり、「神殿」で売買していた人々を、追い出したが、それは、わたしの「父」の家が、盗人の巣窟になるのを、好まなかったからである。現在も、そのようにしていると言いたい。わたしは、被造物で笞をつくり、聖霊のたまものを売買する不浄で、貪欲で、吝嗇で、傲慢にふくれあがった商人どもを、追い払うのである。
（『ライモンド・ダ・パプアへの手紙』第一の2）

この文のあと、前述しました示現、キリスト教徒と異教徒が、十字架につけられたキリストの脇腹に入り、かの女も共にイエス・キリストの中に入ります。主はかの女の肩の上に十字架を置かれ、手にぶどうの枝を持たせた示現です。聖ドミニコ、福音記者聖ヨハネ、かの女の霊的子供たちのすべてがいっしょでした。

主から与えられたこの希望によって、かの女は、手紙の末尾に書くのです。「ますます勇気を出しなさい。この心地よい労苦を喜びなさい。たがいに愛し合いなさい。愛し合いなさい。愛し合いなさい」と。

カタリナは、ライモンドにあてて、励ましの手紙を叱責も含めて、示現、啓示の報告をし、一三八〇年、かの女の死去の年まで書いています。

カタリナの生涯は、主イエス・キリストの招きに始まり、その招きに応える自分自身との戦いの記録とも受けとれます。神からの招きは、完徳への招きですから、それを妨害する悪の力は、かの女の肩に重くのしかかったのです。それは主が言われたかの女の望みの十字架でした。

カタリナを慕う霊的子供たちは、常にかの女と共にあって、かの女の揺らぐことのない神への愛と信頼の中で、善業の実践と指導によって、信仰の深まりを味わっていました。カタリナと共に主の脇腹に入る示現を知らされたことは、どんなに勇気と希望を増したことでしょう。

14

現代のカトリック信者は、素晴らしい教皇をいただいています。これもまた、アブラハムの時代から、連綿と続いた神の愛に応えた人々の、罪との戦いと、神の赦しとあわれみを取りなし続けた、信仰者の祈りと実践の末、御父の愛を、御子の受肉として、私たちにお与えくださった実りの一つであると、深く感謝せずにはいられません。

天の祈りと取りなしは、御子の十字架の死とご復活以後、二千年余を経過し、この間の聖人方の天からの仂きかけは増大しています。神は平和を望み、悪は分裂と不和を望み、今このふき分けは、公審判を呼び降しているのではないでしょうか。

十四世紀に生きた聖カタリナの戦いと祈りは、今も続き、その取り次ぎは力強いと思います。

本文に戻って、教会分裂のときのかの女の仂きと支えた神の啓示と示現を見たいと思います。このことに入る前に、カタリナが、アヴィニョンにあった聖座を、どのように見、教皇グレゴリオ十一世に、どのように改革を提言しているかを見てみます。

……わたしは、あなたが神の恩寵に満たされますように、そして、この恩寵のおん助けによって、全世界に平和をもたらす道具となり、原因となりますように、乞い願っております。優しい父よ、どうぞ熱勢をもって、そして、平和と、神の誉れと、霊魂の救いとに対する熱烈な望みをもって、あなたの権力と、善徳とを用いて下さい。父よ、もしも、あなたが、「世界は混乱しきっている。どうしたら平和にすることができるであろうか」とおっしゃるとしたら、十字架につけられたキリストに代って、申し上げます。あなたの権力を、主として三つのことに用いなければなりません。まず、聖い教会の庭から、不浄、貪欲、傲慢に満ちて悪臭を放つ花、すなわち、この庭を毒し、腐敗させる悪い牧者と、支配者とを、引き抜かなければなりません。あなたは、わたしたちの統治者であります。どうぞあなたの権力を、この花を引き抜くために用いて下さい。かれらを遠ざけて、何も支配させないで下さい。自分たち自身、聖く善良な生活を、送るよう努力させて下さい。この庭には、かおり高い花、すなわち、神の誉れと、霊魂の救いだけしか求めない、イエス・キリストのまことのしもべであり、貧しい人々の、父である牧者と支配者とを植えて下さい。自発的清貧のかがみ、貧しい人々に、教会の財産を、分配する謙遜な子羊でなければならない人々が、かえって、世俗を去らなかった場合に比べて、千倍もの快楽、栄誉、豪奢、虚栄の中に、暮らしているのを見るのは、ああ、何とはずかしいことでしょう。在俗の多くの人々が、善良で、聖い生活を送っているのを見たら、赤面しないでいられるでしょうか。しかし、至高かつ永遠な「いつくしみ」は、愛によってできなかったことを、力によって、実行させたいと望んでおられるように思われます。すなわち、その「浄配」から、権力と富とを、剥奪することを許されるように思われます。それは、聖い教会を、その聖職者たちが、神の誉れと、霊魂の救いとについてしか考えず、地上的物事ではなく、霊的物事を目ざして尽力し、清貧、謙遜、柔和を守っていた、最初の状態に戻すよう、望んでおられることを、示すためであるように思われます。

（『教皇グレゴリオ十一世への第五の手紙』）

カタリナは、今の悪徳ゆえに、神の正義が、大きな迫害と艱難を許されたことを告げ、「あなたが、あなたの囲りに、いつも目を覚ましている見える悪魔ども、邪悪な人々、および、見えない悪魔どもに、勝利を占めるのは、人間の力によってではなく、聖い善徳によってでありましょう」と言い、ローマへの帰還と、十字軍の旗をかかげることをすすめるのです。そして、悪魔が、教皇のローマ帰還の意図と計画を、妨害し策略する前に、急いで実行することを注告し、アヴィニョンにいるライモンド一行の進言を取りあげることを願っています。

神の意に従う者の行動は、のろのろしてはならないことを、神は『聖書』の中でも、またカタリナにも教えられます。キリストに従った聖使従たちが、すべてを捨ててすぐに従われたことを、カタリナも体験的に会得していました。

この手紙は、ライモンド一行が、フィレンツェ人の使者として、アヴィニョンに向かって出発した一三七六年初めに書かれ、彼に託されたもので、聖座の平和と世界の平和が、教皇のローマ帰還に深く関わっていることを告げています。カタリナは、聖座の腐敗が一つの原因となり、フィレンツェ人の聖座への背反にイタリア諸都市が同調し、市政が乱れていることを嘆いていました。それで、フィレンツェの使節として、同年六月十八日、アヴィニョンに到着、ライモンド一行と合流します。この滞在中に、グレゴリオ十一世教皇に、ローマ帰還を決心させるのです。

同年九月十三日、多くの困難と妨害の中、教皇はアヴィニョンを出発し、まずジェノヴァに着きます。教皇から和平の交渉役を依託され、フィレンツェに向かって、先に出発したカタリナの励ましをジェノヴァで受け、同年十月二十八日ジェノヴァを出発します。そして、同年十二月五日コルネト着、翌年一三七七年一月十三日ローマへ向けて出発、同年一月二十日夕刻、ローマ市民の歓呼によって迎えられます。

カタリナの大きな事業の一つは成就しました。この時点では、フィレンツェとの和解の問題は、まだ解決されておらず、カタリナは、フィレンツェに留って、その命に献身します。

人間の自然性は、身の危険を感じたとき、本能的に逃げたくなります。カタリナは、主イエス・キリストの中に逃げ隠れてふみ留まり、なお一層、生きた信仰に強められて、神の愛と人々の救済のために立ち上りますが、かの女の叱責と励ましを必要とする人は多数あり、手紙でそれを知ることができます。

ライモンドにあてたカタリナの第五の手紙の注に、ローマに帰還した教皇グレゴリオ十一世が、種々のことから、アヴィニョンに戻ろうと考えるようになり、それを止めるために、ライモンドをローマに送ったことが記されています。この手紙には、当時の状況と、カタリナの信仰、それを支える恩寵、ライモンドへの励ましと教会への愛が、にじみ出ています。そして、聖性が愛であることを教えられる手紙です。

わたしは、祈りの中で、あなたを絶えず神に奉献している神の使い女から、あなたが、大きな戦いを経験したこと、そして、あなたの霊魂が、悪魔の幻覚と、わなとによって、暗黒に陥っていること、悪魔は、正しいものを、間違っていると思わせ、間違っているものを、正しいと見せようとしていることを、聞き知りました。悪魔は、そうすることによって、あなたの進歩をとどめ、目的を達成するのを、妨げようとしているのです。しかし、勇気を出して下さい。なぜなら、神は、あなたを守護して下さったし、また、守護して下さるに違いないからであります。そして、そのみ摂理は、いつもあなたの上にあるからであります。あらゆる機会に、マリアにより頼み、聖い「十字架」を抱くようお努め下さい。心を乱してはいけません。……

わたしは、修道者と在俗者、聖い教会の神秘体に属する人々が、あなたを迫害したこと、迫害していることを知っています。わたしは、あなたが不快な思いをしたこと、イエス・キリストの代理者から、叱責を受けたことを知っています。あなたは、あなたとわたしとのために、全ての人から苦しめられました。反発しないでください。すべてを忍耐をもって耐え、すぐさま、あなた自身の認識の中にしりぞき、閉じこもってください。

(『ライモンド・ダ・パプアへの第五の手紙』)

このあと、神のみ摂理の逆説を告げ、教皇にも、内容をしたためます、カタリナは、フィレンツェにいて迫害と戦っているのです。そして、ライモンドに、「聖下のそばに、勇気を抱き、心配と奴隷的な恐れとを去って、滞在するようお願いします。……」と記すのです。カタリナは不退天です。教皇とフィレンツェ人との和解が成立するまでシエナに帰ろうとはしないのです。前述しました暴徒に殺されかけたとき暴徒が、かの女の聖性の前に逃げ出したときかの女は殉教をいただけなかったことを嘆きました。

一三七八年三月二七日、教皇グレゴリオ十一世がローマで死去します。和解はまだ成立していませんでした。ウルヴァノ六世が教皇に選出されたときも、まだカタリナは、聖座とフィレンツェとの和解のために、フィレンツェに滞在しながら、そのために仂いています。

カタリナは、主から啓示を受けていますから、バリ大司教バルトロメ枢機卿が、正式な選挙によって教皇ウルヴァノ六世として教皇座についたことを疑いません。

カタリナが、フィレンツェ人の暴徒に襲われた同年一三七八年六月、この月に、教皇ウルヴァノ六世に第一の手紙を送り、励ましています。

いとも聖い父よ、神はあなたを、全キリスト教会で、羊たちの牧者に立てられました。神は、あなたを選んで、十字架につけられたキリストのおん血を、管理させられました。あなたはその代理者であります。神はあなたを、信徒たちの悪が、かってなかったほど大きい時代に、お選びになりました。しかも、この悪が、聖い教会の体においても、キリスト教の世界的体においても、増大した時代に、お選びになりました。そのため、あなたは、すでに申し上げましたように、正義の貴重な真珠とともに、完全な仁愛の中に確立されることが、きわめて必要であります。世も、悪徳の不幸な常習者も、その非難も、気にしてはいけません。まことの騎士として、善牧者として、勇気をもって改革を行ない、悪徳を引き抜き、善徳を植え、必要ならば、あなたの生命を投げうつ覚悟をお抱き下さい。いとも優しい父よ、世は、もはやどうにもなりません。それほど、悪徳がはびこっています。とくに、聖い教会の庭に、かおり高い花として植えられ、善徳のかおりを放たなければならない人々の中に、はびこっております。かれらは、きわめて、恥かしく罪深い悪徳に身を委ね、全世界に毒を発散しています。

（『教皇ウルヴァノ六世への第一の手紙』4）

このあと、カタリナは、「純潔な心」「完全な誠実」はまったくなくなっており、善業が全く見られなくなったのが、下々にまで及んでいることを嘆きます。そして続けます。

かれらの子供たちは、かれらがキリストのおん血に負っているものによって、養われています。かれらは詐欺行為を犯し、キリストの代理者であるあなたから、聖別された、きわめて聖い手をもって、賭けごとを行ない、その他多くの過失を犯しても、はずかしいと思っておりません。ああ、かれらの官能の傲慢を、恥じ入らせなければならないあの深い謙遜は、どこに行ったのでしょうか。かれらに、貪欲によって汚聖罪を犯させ、贈りもの、へつらい、金銭、快楽、虚飾によって、利得を買わせるのは、この官能の欲望であります。しかも、このようなことは、聖職者にはあるまじきことであり、在俗の信徒の場合よりも、邪悪なことであります。ああ、優しい父よ、薬を施して下さい。神のしもべたちの、燃えるような望みに、何かの慰めを与えて下さい。かれらは、悲しみのために死にそうで、しかも、死ぬことができません。かれらは、まことの牧者であるあなたが、改革に着手するのを熱望しております。それも、ただ言葉によってではなく、愛情によって、あなたの中に、正義の宝石と、慈悲とを一致させ、少しも奴隷的な恐れを抱かないで、甘美な「浄配」の胸に養われ、「おん血」の祭司となった人々を、是正することによって、実行して下さい。……家柄をご覧にならないで、その羊を、熱意をもって導く牧者であるかどうかを、ご覧下さい。強固な柱となり、あなたが、神のおん助けによって、あなたの苦しみの重荷に、耐えることができるように、あなたを支える善良な枢機卿団をおつくり下さい。……そうなれば、在俗の人々は、心を改めずにはいられないでありましょう。なぜなら、かれらの聖い教えと、かれらの誠実な生活とに圧倒されて、心を改めざるをえなくなるに違いないからであります。これ以上、眠っていてはいけません。神のみ名の栄光と賛美とのために、あなたが最後までなしうることを、勇気をもって、怠ることなく、実行して下さい。

（『教皇ウルヴァノ六世への第一の手紙』5）

そして、このあとに、「牧舎の外にいる羊たち」という名で、フィレンツェ人、他の反逆に巻き込まれた人々を、受け入れて下さるよう願っています。

この手紙は前述しましたように、前教皇の死去した年、一三七八年六月のもので、七月に、聖座とフィレンツェ人は和睦し、十月にローマで確認されフィレンツェ人は教会に戻りました。忠誠を尽くしたとあります。八月にカタリナは、主の命をはたして、家族と共にシエナに帰り、『対話』の口述に入りました。これは脱魂中に、秘書となったものが書きとったもの、とライモンドの著書、第三部第一章に記されています。

ウルヴァノ教皇は、同年九月十八日に二九名の枢機卿を任名します。

前教皇の弱い性格に比べ、ウルヴァノ六世は強い性格の人であったと記されています。そして、カタリナの言葉に強く励まされ、教会改革を実行し始めるのです。それを不服とした枢機卿たちは、九月二十日、選挙の正統性を否定して、フォンディに集まり、偽教皇クレメント七世を立て、アヴィニョンに移ります。教会分裂です。ここで再び、カタリナの神と教会への献身が始まるのです。カタリナは三十一歳になっていました。

カタリナの『ウルヴァノ六世教皇への第二の手紙』は、ウルヴァノ六世教皇が、聖霊と、枢機卿たちによって選ばれた正統の教皇であることを告げ、励ますくだりがあり、教会分裂を予期して、邪悪な人々が、異端の棒を持って打ちかかるのは、教会を改革するという理由によるのであるから、これを耐え忍ぶことによって、大きな光明を授るでしょうと記しています。

あなたは聖霊の代理者であります。いつわりの暗黒も、かれらが起こした異端の暗黒も、この光明に対しては、何もすることができません。かれらが、暗黒を、増大させようとすればするほど、あなたは、もっと完全な光明を授かるでありましょう。……善徳に対する愛によって、まず、わたしたちのうちに、ついで、隣人のうちに、この仁愛を実行しなければなりません。……少くとも、罪深く乱れた生活を、常習的に送っている人々を、あなたから遠去けて下さい。どうぞ、神のいつくしみが要求するとおりに、かれらを、それぞれの位階において規正して下さい。淫乱の行為を、これ以上見過してはいけません。その望みを、とは申しません。なぜなら、意志に命ずることは出来ないからであります。しかし、少くとも、あなたが規正することの出来る行為を、見過してはいけません。汚聖も、奔放な快楽も、貧しい人々と聖い教会との宝である「おん血」の賭博も、これ以上見過してはいけません。この賭博師たちは、主の神殿であるべき場所を、賭博場にしているのです。かれらは、聖職者として、司教参事官として、聖性の花、そのかがみでなければなりません。ところが、いたるところに、乱行の悪臭と悪例の毒をまきちらしているのです。……

神がわたしたちの味方でしたら、誰もわたしたちに立ち向かうことが出来ません。お喜び下さい。お喜び下さい。あなたの喜びは、天において完全になるからであります。労苦の中でお喜び下さい。なぜなら、この労苦ののち、休息と聖い教会の改革とが訪れるからであります。

（『ウルヴァノ教皇への第二の手紙』4、5、6）

カタリナの手紙は、非常に長文で、真理に満ちているので説得力があります。ライモンドにあてた手紙は、彼が、聖マリアから与えられた聴罪司祭であるゆえに、彼女の神との関わりを語りますが、その他の手紙は、節度ある真理の上に語っています。

彼にあてた第十一の手紙の2に、カタリナは、「いとも親愛する父よ、キリストの甘美な『浄配』において、強者となって下さい。なぜなら、艱難辛苦が増せば増すほど、神の『真理』は、甘美となぐさめとを、ゆたかに与えることを、約束されるからであります」と、改革の成就を告げています。この長文の手紙は、ライモンドから受けた教会分裂の報への返信として書かれたようで、希望の中で励ましています。

教皇ウルヴァノ六世も、カタリナに励まされ、ローマの御自分の側に来るよう手紙を書くことをライモンドに依頼、教皇の書面を受けて、カタリナは、『対話』口述を十月に終えた翌十一月もうローマで仂き始めるのです、このときの同伴者は多く、自発的に神の貧者となった人々であったと、ライモンドは、著作の第三部第一章ノ3で書いています。この人たちは、自分の家にとどまって、何事につけても豊かなくらしをするよりも、聖女といっしょに施しをもらって生活し、かの女の敬虔で甘美な談話を望んだのであった、と。

教皇は、カタリナを見て喜び、枢機卿たちの前で、「教会分離」について話すよう求められ、「かの女は、豊かな知識と、広汎な見解とをもってこれを行ない、各人に、勇気と堅忍とをすすめた。かの女は、神の摂理はすべての人を、とくに教会といっしょに苦しむ人を守って下さることを示し、教会の分離が始まっても、誰も恐れてはならないと語り、神の業をなし、何も気にかけてはならない、と結んだ」と、同章でライモンドは書き、教皇は、豊かな励ましを受け、カタリナを、主において賞賛し、かの女とその弟子たちとのために、多くの霊的恩恵を与えられた、と記しています。

15

ここに『ナポリの女王への手紙』があります。カタリナが出した手紙は七通あり、その二通が訳されています。このジョヴァンナ女王は、ウルヴァノ六世が教皇に選出されたとき、盛大な祝宴を開き、金四万エカーを送ったことが、第二の手紙の訳者注にありますが、その後、離教徒の味方となりました。カタリナは、霊示で分かっていて、ウルヴァノ教皇から、この件の意向を聞く前に、女王に第一の手紙を送り、切々と今、教会の中で起っている悪の動きに加担しないように訴えています。

その手紙の中で、非常に明白に、ウルヴァノ教皇選出の正統性と、その後に起こった裏切り行為をした人を、「人間とか、聖職者とか呼ぶべきでなく、受肉した悪魔と呼ぶべきでありましょう」と言っています。

……かれらは、悪魔の役目を受けました。聞くところによりますと、かれらは、自分たちの中に持っているものを、あなたに与えようとしています。まことに、地上におけるキリストである、あなたの父、教皇ウルヴァノ六世に、ささげるべき服従と尊敬とを、そのむすめであるあなたに、止めさせようとしています。かれが生存している限り、どんな人が現れても、教皇ではなく、アンチキリストよりも邪悪な者であります。この真理を、疑わないで下さい。……

あなたは、この罪深い人々に助けと保護とを与えるとき、暗黒を光明と見なすのであります。わたしが攻撃するのは、かれらの位階ではなく、かれらの悪徳と悪意であります。なぜなら、かれらは、別の教皇を立てたからであります。そして、かれがつくられたとき、それは、あなたの手によると、言いふらされました。あなたは、かれが教皇であると信じています。あなたは、この暗黒を、光明に仕立てようとしていますが、それは、あなたの亡びと、かれらの亡びとの原因となるでありましょう。なぜなら、ご存じのように、神は、決して、犯された過失、特に、聖い教会に対する過失を、処罰しないで放置することがないからであります。それですから、神の正義の打撃を待たないで下さい。教皇に反対して行動されるよりは、むしろ、死をお選び下さい。もしも、あなたが、教皇が必要に迫られている場合、かれを助けようとしないならば、神はあなたに、その決算を要求するであリましょう。

（『ナポリの女王への第一の手紙』5、6）

カタリナは、女王に、真理が何か分からず、明白でない場合は、「中立」を選ぶことをすすめます。この長文の手紙は、ナポリ国の人々の救済を含むものであるので、「親愛する母」と呼びかけながら、自愛心の悪徳から改心すること、罰を待たないよう訴えています。女王は、カタリナの言葉よりも、自分を取り巻く者の声を聞き、謀叛した枢機卿たちを援助します。地上の権力と快楽のためでした。

カタリナの『女王への第二の手紙』には、もっとはっきりと、警告が告げられます。

ああ、いとも親愛する母よ。もしも、あなたが、真理を愛し、聖い教会に服従するならば、このように呼ばせていただきます。そうでないならば、もう「母」と呼びたくありません。わたしは、敬意をもって、あなたに話したくありません。なぜなら、あなたのご一身に、大きな変化が見られるからであります。あなたは、女王から、虚無であるもののしもべ、その奴隷になりました。あなたは、いつわりに、その父である悪魔に服従しました。聖霊のおんすすめを捨てて、受肉した悪魔どものすすめに従いました。あなたは、まことのぶどうの木と、一つになった枝でした。ところが、自愛心の刀によって、このぶどうの木から、切り離されました。……あなたが、長い間、養われたあなたの「母」、聖い教会の胸を去りました。ああ、ああ、あなたは死んだと思って、泣くことができます。あなたは恩寵の生命から離れました。もしも、あなたが、この大きな誤りを去らないならば、霊魂も肉体も死んだままであります。……たしかに、あなたは、弱さと迷いとの中で、欲情に導かれております。……わたしは、あなたに切にお願い申しあげます。……悪魔の一味である偽教皇が、地上のキリストであるといって、うそを、真理と信じさせようとする人々が、どういう人々であるかを認識するようお努め下さい。……あなたは、あなたの上に、神の審判を呼んでいます。わたしは、あなたが、あなたをおびやかしている破滅を、避けようとしないのを見て、悲嘆にくれています。……あなたの生活を変えて下さい。時を待たないで下さい。そうしたいと思っても、できなくなるに違いありません。……まだ、時があります。

聖い教会に対する服従に、立ち帰って下さい。

（『ナポリの女王への第二の手紙』2、3、7）

この手紙は、カタリナが、ウルヴァノ教皇の要請に応じて、ローマに移住した数日後に書いたと、訳者注にあります。

カタリナが、同伴者と共にローマに着いたのは一三七八年十一月二八日です。カウルヴァノ六世は、女王を導くために、カタリナを使者にしようと計画し、カタリナはそれを知って承諾しますが、この計画は流れ、かの女をがっかりさせます。

女王は、ウルヴァノ教皇の行動を全力で妨害します。『ライモンドの第十四の手紙』で、カタリナは、「ナポリ王国においては、この最後の崩壊は、最初の崩壊よりもはなはだしく、多くの悪が準備されています。しかし、神は、これを救治して下さるでありましょう。なぜなら、神のいつくしみは、わたしたちが取るべき薬を、悪の側に、示して下さるからであります」と書いています。

教皇は、フランス王シャルル五世への特使として、分離の真相を伝え、クレメント七世に加担しないために、ライモンドを送りますが、ナポリの女王はそれを知ると、ジェノヴァ湾に海賊船を放って、ライモンドを捕えようとし、失敗します。また偽教皇クレメント七世は、軍隊を、ローマ教皇庁の乗っ取りに向かわせますが、ウルヴァノ六世教皇を援護したバルビアーノ伯の軍に敗退するのです。このときも、ナポリの女王がからんでいると、訳者注にあります。

一三八〇年に、ウルヴァノ六世教皇は、女王の破門を発令、そして、女王は、その二年後の一三八二年五月二十二日、シャルル・ド・デュラの命令で絞殺されるのです。

前述した長文の『ライモンドの第十四の手紙』の一部の中の「最初の崩壊、最後の崩壊」の意味を、女王が、クレメント七世の味方から、策略で、ウルヴァノ六世に味方する素振りを見せ、あとは公然とウルヴァノ六世に反対したことから、ナポリ王国が混乱に陥ったことと、訳者注が伝えています。この不幸な死もまた警告されていたのです。

ウルヴァノ六世教皇が、仏王シャルル五世のもとに、ライモンドを特使として送った際、そこに見送るカタリナの姿がありました。

一三七八年十二月、ライモンドを乗せた船は出航しました。それ以前に、カタリナは、この別れが今生の別れになることを知っていて、ライモンドと二人だけで長時間話したと、ライモンドの著書が記しています。カタリナは、涙と祈りで送り出したのでした。そして、仏王シャルル五世にも手紙を書くのです。

……神は、あらゆる善徳のみなもとであります。神は悪徳を憎みます。そしてまた、あらゆる悪徳の原因である官能、このまことの甘美な光明を、わたしたちから奪う官能を憎みます。……権力のある者は、ただ被造物の気に入るため、あるいは、自分の人間的利益のためにしか、正義を実行しないとき、そしてまた、教会に従わず、これを支持せず、絶えず迫害するときは、正義を守りません。これらは全て、自愛心から生れます。自愛心は光明を奪いますから、真理の認識を妨げます。……わたしが聞き知ったところによりますと、あなたは、暗黒の中にいる人々に引きずられはじめているように思われます。……わたしが大変驚いていますことは、神を恐れる勇敢なカトリック者が、子供のように導かれ、至聖な信仰の光明を、悪魔の手先、腐った木であることがあきらかな人々、その不信を示し、教皇ウルヴァノ六世は、まことの教皇ではないと言って、異端の毒をまいた人々の、勧めと言葉とによって、汚されることにより、どのような破滅を招くかを、さとらないことであります。……人民の怒りを恐れてかれを選んだのだと言うとしたら、それは真実ではありません。かれらは、他の教皇選挙と同じく、教会法にのっとった、正規な選挙によって、かれを選んだからです。……かれら自身、これをあなたに、わたしたちに、世界の全ての君主に知らせました。……ウルヴァノ六世は、まことの教皇であります。……ところが、いまは、それはうそだと主張しております。かれらは、聖下が、かれらの悪徳をためなおそうとしたときまで、この真実を認めました。ウルヴァノ六世が、かれらを叱責し、かれらにその醜行を是認しないことを示し、これをためなおそうとすると、かれらは、すぐさま謀叛したのであります。かれらは、背教者よりも奸悪であります。……わたしが、その霊魂と肉体との亡びを見、かれらが異端によって、神と恩寵とを奪われ、現世的にも、その尊厳をはぎ取られるのを見るとしましたら、それは、かれら自身のあやまちによるのであります。……全てのあやまちは罰せられ、全ての善徳は報いられます。たとい、人間の全ての力を味方につけるとしても、神に逆うのは困難であります。神は、ご自分に信頼し、希望する全ての者を強化し、解放する最高の力であります。……個人的な利益に導かれてはいけません。……あなたは、あなたの側に、学問の泉を持っておられます。あなたが、これに頼るならば心配はいりません。……いとも親愛する父よ、方向をお変え下さい。……あなたは死ななければならないことをお考え下さい。そして、それが、いつであるかを、あなたはご存じではありません。……言い過ぎたところがありましたら、お赦し下さい。

（『仏王シャルル五世への手紙』）

この手紙は一三七九年五月六日付、ライモンドは身の危険の情報によりジェノヴァに留まっています。彼女は手紙ではなく王に会って伝えたいと書いています。ライモンドへの手紙からおして、彼女は、少しでも、ライモンドの弱気によって果たすのが遅れていることを、取り戻そうとしていることが伺えますが、どうでしょうか。

仏王シャルル五世は、フランス人枢機卿にそそのかされて、政治的利益のため、アヴィニョンに、フランス人教皇が欲しかったために、ウルヴァノ六世に反対し、偽教皇クレメント七世の支持者の旗頭となった、と訳者注は伝えています。

また、カタリナが学問の泉と言ったパリ大学は、当初ウルヴァノ六世の味方であったのですが、その後、国王の圧力のもとに、一三七九年三月三十日、クレメント七世を教皇と認めます。この誤りをつぐなうために、教会分離の消滅につくした、と訳者注にあります。

シャルル五世の死去は、一三八〇年、偽教皇を、パリ大学に認めさせた翌年でした。

カタリナは、肉体の死については、聖パウロ同様、むしろ望むところです。殉教をいつも覚悟して行動しています。これは「霊魂」の存在が、神の活き活きとした臨在の中で、愛と光と命の中で、再生されるのを体験していたから、と思います。

偽教皇クレメント七世が、軍隊を送って、ローマ教皇庁の乗っ取りを企て、バルビアーノ伯の軍に敗走させられたことは前述しました。それは一三七九年四月で、マリノに陣取っていたクレメント七世の軍に勝利したバルビアーノ伯の功積によって、ウルヴァノ六世教皇は、ローマに定着できたと、『アルベリコ・ダ・バルビアーノ伯爵とその他の指揮官たちへのカタリナの手紙』の注にあります。

このマリノの勝利に続いて、サン・タンジェロ城が、ウルヴァノ六世に引き渡され、教皇は、ヴァチカンにその座を置くことができたのです。この二つの幸いな出来事は、カタリナの祈りの功積とローマ人は考えた、とあります。このことの経緯については、ライモンドの著作第三部第二章が記しています。

カタリナは、ローマに、かの女の霊的家族と共に住み、施しで養われていたことは前述しました。カタリナは、神秘的食物と御聖体しかとっていません。激しい祈りの日々です。脱魂によって、霊魂は主のみ国にいますが、肉体は硬直したまま、家族に守られています。

サン・タンジェロ城を占拠していた離教徒の首領たちが捕えられ、その中の多くが殺されて、ウルヴァノ教皇の下に帰ったあと、ローマの市民と教皇との間を裂く企てが起ります。教皇はヴァチカンに入られましたが……。ライモンドは書いています。

間もなく、かの女の苦しみがあらたに始まった。老獪な蛇は、……外国人と離教徒とにできなかったことを、聖座に忠実を守っていた人々を使って、成功させようと考えたのである。ローマの市民と教皇との間に分裂を起こさせた。事態は激化して、市民は教皇を殺すと息巻いた。カタリナは、これを聞いて大変悲しんだ。そして、いつものように祈りに頼り、このような大罪が犯されるのを、お許しにならないように、天配に熱心に哀願した。そのころ、カタリナは、わたしに一通の手紙を書いた。その中で、ローマ市に悪魔どもが氾濫し、人民をそそのかして、教皇を殺害させようとしているのを見たことを語っている。

（『シエナの聖カタリナ』第三部第二章）

これは、ライモンドの著作第三部第二章のほんの一部です。この時、神は正義による罰を主張し、カタリナは、教皇と教会とローマ市民のために、数日数夜ととりなしを祈り続けます。神のあわれみはなかなか下りず、カタリナは悪魔に激しく打ちたたかれます。が、この苦しみを、カタリナは購いとして、喜びと勇気をもって受け入れ、祈り続け、ついに祈りは聞き入れられ、人民の暴動はおさまります。その代り、カタリナがその罰を受けるのを引き受け、肉体は地獄の勢力に打ちたたかれるのを神が許され、カタリナの家族は、外的しるしまで見せられますが、どうしようもなかったと、ライモンドは記しています。

ローマ乗っ取りを企てたクレメント七世の軍を敗退させたバルビアーノ伯爵とその他の指揮官たちに、勝利の一ヶ月後、カタリナは手紙を送っています。

……親愛する兄弟たちよ、息子たちよ、あなたがたは、「生命」に対する愛によって、あなたがたの生命を与え、十字架につけられたキリストのおん血に対する愛によって、あなたがたの血を流すために、戦場に降り立った騎士であります。新しい殉教者の時代がおとずれました。あなたがたは、まっ先に、あなたがたの血をささげました。どのような報いを受けるでしょうか。無限の報いである永遠の生命であります。……

そして、カタリナは、この世の財宝の空しさを教え、信仰に基く名誉を教え、正統なる教皇ウルヴァノ六世と、教会に奉仕することが、キリストに奉仕することであると書きます。そして、あなたがたは、真理のために戦っていることを覚え、できる限り「聖い告白」によって準備し、指揮官は特に、神に対する恐れの模範を示して下さい、と続けます。

……指揮する人々が、全員告白を行う時間がないならば、心の中で、聖い望みによって、これを行なわせて下さい。そうしましたら、あなたがたは、忠節を守ることができるでしょうし、あなたがたの業によって、あなたがたが、「信仰」の至聖な光明を見たことを、まことに示すでありましょう。……

カタリナは注告を続けます。「風のように過ぎ去る世俗の名誉、快楽、富」を追求することによって、自分も亡び、他の人々も亡びる危険に陥らないように、と。

……ご承知の通り、多くの人が、そのために亡びたのであります。それゆえ、「直理」は、この不幸を避けるために、あなたがたが、これを知り、あなたがたの指揮下にある人々に、このことを警告することを求めるのであります。

あなたがたの側近に、賢明で、清潔で成熟した人々を置き、将校には、できる限り、忠実で、良心的で、勇敢な人々を選ぶようお願いします。なぜなら、良い指揮官は、良い兵士をつくるからです。内にも、外にも、裏切りがないように、いつも警戒して下さい。これを予防するのは、きわめて困難であります。

この危険を防ぐために、カタリナは、母マリアにより頼むようすすめて次のように言います。

第一に、朝夕、わたしたちの甘美な母マリアに、身をささげることをお願いします。母マリアに、あなたがたの代願者、防衛者になって下さるように、そして、ご胎内に宿された、かわいらしい甘美な「み言葉」のゆえに、決して裏切りが起こらないように、もし起こったならば、これによって、亡びることがないように、嘆願して下さい。……この地は、祝せられたキリストの庭、わたしたちの「信仰」の発祥地であることをお考え下さい。……

わたしの言葉によって、うるさい思いをさせたことをお赦し下さい。聖い教会と、あなたがたの救いとの愛が、申しわけになりますように。それに、わたしの良心は、神の甘美なご意志に強制されたのであります。

（『アルベリコ・ダ・バルビアーノ伯爵とその他の指揮官たちへの手紙』1〜7）

この手紙の警告は守られず、バルビアーノ伯は、ウルヴァノ六世教皇に、最後まで忠節を尽くすことが出来ませんでした。

この手紙は、一三七九年五月六日、カタリナが脱魂中に口述されたものと、注にあります。

16

カタリナが、死の二ヶ月前に、ジェノヴァにいるライモンドにあてた第十六、第十七の手紙は、死を予感したかの女が、最後まで、神の御旨を果たし、平和のために仂く献身の激しい意志と、残した文書の収集、家族の依頼、そして悪魔との戦いを報告し、かの女の真に温かく優しい情愛を示しています。そして、『第十六の手紙』で、「わたしにつきましては、死後は生前よりも、かれらとあなたとの役に立つことができると信じております」と書き、「わたしたちが、肉体的に互いに分かれていることを悲しまないで下さい。あなたはわたしにとって、大きな慰めになって下さったでしょう。しかし、わたしは、あなたが、聖い教会の中で結ぶ実績を見るという、もっと大きな慰め、もっと大きな喜びを味わっていますかつてなかったほどの熱誠をもって、仂かれるよう切にお願いします。なぜなら、これほど大きな必要に迫られている時はないからです」と、ライモンドを励ましています。

『第十七の手紙』は、「わたしは、神のみ前で、あらたに抱いた熱烈な望みによって、絶えず悩まされていました」という書き出しから始まり、「誰も、教会の仲介によらないでは、三位一体の深淵の中で、神の美を味うことが出来ないこと」を告げ、次のように語ります。

なぜなら、みなが、十字架につけられたキリストの門を通らなければなりませんが、この門は、聖い教会の中にしか、見出すことが出来ないからであります。わたしは、この「浄配」が、生命を与えるのを見ていました。なぜなら、その中に、豊かな生命があって、誰もその中で、これを弱めたり、くもらせたりすることが出来ないからであります。その上、わたしは、その実が決してなくなることがなく、絶えず増しているのを見ていました。……永遠者は言われました。……『血』の実は、愛の宝を持っている者のものである。なぜなら、教会は、愛の上に築かれており、愛そのものだからである。永遠者は、各人が、愛によって与えることを望む。わたしは、わたしのしもべたちに、受けたものを与えるよう命じた。わたしが嘆くのは、だれも教会に奉仕せず、かえって、みなが、これを遺棄していることである。しかし、わたしは、これに薬を与えるであろう。」

カタリナは、神のみ前で、「わたしは何をしたらよいでしょうか」と叫けびます。神は、「あなたの生命を、あらためて献げるがよい」と教示を与えられます。そして、教皇が用いる激しい手段と、かれに服従している人々に与える恐れによって、教会を清めることを許す、と告げるのです。

「しかし、この教会に、愛によって奉仕し、これを豊かにする他の人々が現れるであろう。『浄配』についても、霊魂についても、同じであろう。すなわち、まず、恐れによって悪徳を解脱し、ついで、愛が、善徳をもってこれを満たし、飾るであろう。……わたしの『代理者』に、出来る限り温和になり、平和を受け入れようとする者には、これを与えるよう伝えるがよい。そしてまた聖い教会の柱たち、枢機卿たちに、これほどの荒廃を修復したいと思うならば、互いに一致協力し、かれらの『父』に欠けていると思われるものを、覆いかくす外套になるよう、伝えるがよい。……」

（『ライモンド・ダ・パプアへの第十七の手紙』1〜6）

この長文の最後の手紙は、「悪魔を打ち破ったのは、人間の力ではなく、神の力であります。たしかに、悪魔は、わたしたちの肉体の苦しみによってではなく、神的な、名状することの出来ない仁愛の火によって、打ち破られました。このの ちも、打ち破られるでありましょう」という、神への賛美で終っています。

この手紙を書いた二ヶ月後、カタリナは、三十三歳の四月二十九日、悪魔との壮絶な戦いに勝利して、告解、聖体拝領をして、天に召されました。

このあと、奇跡が続出します。それは、ライモンドの著述『シエナの聖カタリナ』を読んで頂くこととして、その中の一部、カタリナの死と帰天を眠りの中で見たセミアの心の体験を記したいと思います。カタリナの「生きた信仰」を、最もよく表現していると思いますし、私たちの信仰が、どこに向かっており、何を捨て、何を善とし、何を希望としているかをよく示しているからです。

ライモンドはまず記します。「わたしは、かの女の話を軽々しく信じたのではない。なぜなら、わたしは、二十年以上の間、かの女の良心と生活とを知っていたからである」と。

ローマに、二人の息子をもつ婦人がいた。名をセミアと呼んだ。……夫の死後はもっと完全に、神への奉仕に身をささげ、祈りと教会訪問とに身をゆだねていた。かの女は、夜中に起きて朝課をとなえ、日中敬虔な巡礼をするために、少し眠っていた。カタリナがローマに移住したとき、わたしと、その他の人々から、カタリナの善徳と聖性について聞かされた。そして、かの女を訪ね、大きな喜びを味わったので、いつも、この喜びを味わいたいと考えていた。……

カタリナが死去した朝の前夜、セミアは、いつもの通り、祈るために起きた。そして、祈りが終ったとき、その日が日曜日だったので、いつもより早く起きて、荘厳ミサに与り、息子たちの食事を作らなければならないことを思い浮べ、間もなく起きるつもりで、床についた。……眠りながら夢を見た。夢の中で、「教会に間に合うように、もうすぐ起きなければならない」と言っていると、八歳ぐらいの美しい男の子があらわれ、「あなたは、わたしがあなたに、見せたいものを見るまでは、目をさまして起きてはいけません」と言った。……「いとしい子よ、わたしが起きるのを許して下さい。なぜなら、今日は荘厳ミサに与らなければいけませんから」と答えるセミアに、「わたしが、神のおぼしめしによって、あなたに見せなければならない不思議を、あなたが見るまでは、絶対に起きてはいけません。」そう言って、子供は、かの女を床から引っ張って、教会の形をした広々とした場所に連れて行った。奥の方に、大変美しい銀の聖櫃があった。しかし閉まっていた。子供は言った。「少し待って下さい。いまに、この聖櫃の中にあるものが見えますよ。」

するとたちまち、さっきの子供と同じような子供があらわれ、銀の聖櫃に昇る梯子を持ってきた。子供は、これを使って聖櫃に昇り、黄金の鍵をもってこれを開けた。聖櫃が開いたとたん、セミアは、大変美しく、立派に着飾った若い娘をみとめた。かの女の長衣は真白に輝き、すっかり宝石で飾られていた。頭の上には、三つの立派な冠をかぶっていた。しかも、その冠は、三つとも、よく見えるように並べられていた。下の冠は銀で出来ていて、雪のように白かった。二番目は、黄金まじりの銀で出来ていて、金の糸で織った赤い布の輝きを放っていた。三番目は、純金で出来ていて、真珠や宝石がちりばめてあった。これを見て、信心深いセミアは、こんなに立派に着飾った若い娘は、誰であろうかと考えた。そして、その娘をよく眺めていると、シエナのカタリナの顔を完全に認めた。しかし、かの女は、この幻で見る娘よりも、年を取っていることを知っていたので、別の人ではないか、とも考えた。最初にあらわれた子供は、セミアに、「今見ている女の人に見覚えがありますか」と尋ねた。かの女は言った。「お顔はシエナのカタリナですが、お年が違います。」かの女が、この娘をまじまじと見続けていると、聖櫃の中にいた娘は、かの女に笑みかけ、二人の子供に言った。「かの女は、わたしを見識ることが出来ませんね。」すると、二人と同じような四人の子供があらわれた。かれらは、床の形をした担架をかついでいた。その担架は、桃色の貴重な布で飾られていた。四人はそれを、聖櫃の側におろすと、急いでその上に乗り、冠をかぶった若い娘の腕を取って、運んできた床の上に置いた。すると、若い娘はかれらに言った。「わたしを見つめているあの婦人に会わせて下さい。わたしを見識ることが出来ないでいますから。」そう言って、すぐさま飛ぶようにして、婦人のもとに行き、「セミア、わたしが分かりませんか。わたしは、シエナのカタリナです。あなたが言う通り、わたしの顔ではありませんか」と言った。婦人は答えた。「母さま、あなたはカタリナでしたか。」カタリナは言った。「そうです。あなたの見ているもの、そして、これから見るものに、よく注意して下さい。」

すると、たちまちカタリナは、六人の子供によって床の上に乗せられ、天に上げられた。セミアが、遠去かって行くカタリナを眺めていると、突然、一つの玉座が天に現われた。そして、その玉座の上に、冠を頂き、宝石に覆われた王が現れた。その右の手には、開かれた本を持っていた。乙女を運んだ子供たちは、かの女を、玉座の段の上の、王の足元まで上げた。すると、乙女はすぐさま、王の足元に平伏して、これを拝んだ。そこで、王は言った。「わたしのいとしい浄配、わたしの娘カタリナよ、よく来てくれました。」かの女は、王の命令で頭を上げ、開かれた本を読んだ。それは、「主の祈り」を、信心深くとなえる時間ほどのあいだのことであった。それから、王のあらたな命令によって、立ち上り、女王を迎えるために、玉座の側に立った。女王は、乙女たちの大部隊をしたがえて、王の方に進んできた。女王が近付いたので、カタリナは、急いで立っていた段をおり、女王の前にひざまづいた。天の女王は、かの女の手を取って言われた。「カタリナ、いとしい娘よ、よく来てくれました。」そして、かの女を立ち上らせ、かの女に、平和の接吻を与えられた。カタリナは、女王に礼をささげ、命令にしたがって、他の乙女たちといっしょに進んだ。全ての乙女たちは、大きな喜びの中で、平和の接吻によってカタリナを迎えた。

その間、これを見ていたセミアは叫んだ。「ああ、わたしの元后、ああ、聖上イエス・キリストのおん母、わたしのためにとりなして下さい。聖マリア・マグダレナ、聖カタリナ、聖アグネス、聖マルガリタ、わたしたちのためにお祈り下さい。」セミアが、わたしに語ったところによれば、この幻は、天で与えられたように思われたのに、かの女は、全てを、はっきりと見分けることが出来た。至福な神のおん母を見分けたばかりでなく、他の乙女たちも、次々に見分けることが出来た。かの女は、これらの乙女たちを、その名で呼んだ。なぜなら、かの女たちは、みなそれぞれの殉教のしるしを所持していたからである。聖カタリナは車輪を、聖マルガリタは足の下に龍を、聖アガタは切られた乳房を所持していた。乙女カタリナは、これら全ての乙女たちの祝辞に迎えられて、かの女たちの間に席を占め、栄光の冠を与えられた。

（『シエナの聖カタリナ』第四章）

セミアが目覚めたときは、すでに三時課（朝九時）の時間になっていました。かの女はカタリナの死を知りませんから、カタリナが、自分の眠っている間に、特別な脱魂に陥ったか、悪魔が自分に、ミサに与らせないように仕組んだわなかもしれない、と心配します。かの女は食事を火にかけ、小教区の教会へ走ります。「もしもミサに与れなかったら、あの幻は悪魔からのもの、ミサに与れたらカタリナ母さまのおかげ」と心の中で言います。教会に着くと、ミサは始まっていて、初めから与ることが出来ないことを知り、セミアは家に帰り、他の教会で初めから終りまでミサに与る方法はないものかと考えます。そのとき近くの修道女院で、ミサを知らせる鐘が鳴り、かの女は急ぎ出かけます。戸に鍵をかけて、食事の準備だけして。

セミナは、荘厳ミサに、初めから終りまで与り、悪魔でなかったとほっとし、子供のための食事の準備に家に急ぎます。戸を開けて入ると、野菜も肉もすっかり準備されていて、食事につくことか出来たのです。セミアは驚き、カタリナに会いに行こうと思います。カタリナが料理しに来てくれたと思ったからでした。カタリナの家に急いで行くと戸が閉っていて答えがありません。近所の人が、教会に行っているから誰もいないというので、セミアは家に帰ります。

このとき霊的家族は、カタリナの死を泣き悲しんで、その死を隠していたのでした。

カタリナの遺体は、サンタ・マリア・デラ・ミネルヴァと呼ばれるドミニコ会の教会に運ばれます。カタリナの遺体が教会に運ばれるやいなや、ローマ市民はこれを知り、カタリナの衣服と足とにふれるために駆け寄ります。カタリナの霊的子供たちと修道者たちは、遺体を守るため、聖ドミニコにささげられた小聖堂の鉄格子の後ろに安置するのです。

セミアも偶然教会に行き、この騒ぎが、カタリナの死去によることを知ると、自分の親愛する母さまの死を隠したことに対して、泣きながら抗議します。そして、家族から、お詫びと、昨日の三時課の頃死去したことを聞くのです。セミアは、「わたしはそれを見ました」と叫んで、自分の見た幻を、遺体を守っていたカタリナの弟子たち皆に語ったのでした。

ここからたくさんの奇蹟が始まるのです。遺体に触れた人は勿論、カタリナの名を呼んで助けを受けた人等々。この奇蹟については、ライモンドの著書『第三部第五章』に載っています。

おわりに

十四世紀に、大家族の中の二三番目の子供として生まれ、六歳の時の主イエス・キリストの示現により、神の愛の呼びかけを心深く受けとめ、その後、あらゆる機会をとらえて、神と一致する霊魂をこの世で生き切った聖女カタリナを学んできました。私はここで、ほんの一部しか記すことが出来ませんでした。聖女について、また、聖女自身をとおして神が語られたことをひもとくことは、私にとって、目の覚めるようなわくわくするものでした。

この文を終わるにあたって、聖女の祈りの一部を記したいと思います。これは、ライモンドの著作『第三部第三章』の一部で、『対話』の第一六六章にあるようですが、『対話』では訳されておりません。

ああ、永遠の三位一体よ、わたしは、あなたが与えて下さったあなたの光明の中で、聖い「信仰」の光明によって与えて下さったあなたの光明の中で、あなたを知りました。あなたは、わたしに、数多くの感嘆すべき教えによって、偉大な完徳の道を教えて下さいました。これから、わたしは、暗黒の中ではなく、光明の中で、あなたにお仕え申し上げましょう。わたしが、善良完全な生活の鏡になりますように。そして、わたしは、これまで暗黒の中でお仕え申し上げましたが、このみじめな生活から、脱出することが出来ますように。わたしは、これまで、あなたの真理を知りませんでした。そのため、これを愛することができませんでした。それではなぜ、わたしはあなたを知らなかったのでしょうか。それは、聖く光栄ある信仰の光明の中で、あなたを見なかったからであります。それはまた、自愛心の雲が、わたしの知性の目をくもらせていたからであります。しかし、ああ、永遠の三位一体よ、あなたは、あなたの光明によって、わたしの暗黒を払って下さいました。だれが、あなたまで昇って、あなたがわたしにお与え下さった、名状することのできない宝と、あり余るほどの恩寵とに対し、そしてまた、あなたが、わたしに啓示して下さった、真理の教義とに対して、ふさわしい感謝をささげることができるでしょうか。この教義は、あなたが、人々に与えて下さる、一般的恩寵をこえた特別な恩寵であります。あなたは、わたしの要求と、他の被造物の要求とを、かなえて下さいました。それは、わたしと、他の被造物とが、この教義の中で、鏡で見るように、自分を眺めることができるためであります。主よ、あなたは、わたしに代って、答えて下さいます。与えて下さったのは、あなたであります。お恵みを認識して、これを感謝することができるのは、あなたであります。あなたは、あなたの恩寵の光明を、わたしに注いで下さり、わたしがこの光明によって、あなたに、感謝をささげることができるように、して下さるのであります。ああ、永遠の「真理」よ、わたしに、あなたをまとわせて下さい。そうすれば、わたしは、従順という真理の中で、そしてまた、あなたが、わたしの霊魂を、ますます酔わせて下さるあなたの聖い「信仰」の光明の中で、この死すべき生命を、送ることができるのであります。

（『シエナの聖カタリナ』第三部第三章）

《小澤悦子（おざわ・えつこ）》
1938年生まれ。青山学院大学文学部卒業。学習心理学専攻。
日本精神技術研究所卒業。山王教育研究所にて、ユング派療法を、ヒューマンギルドにて、アルフレッド・アドラー療法を学ぶ。専門：芸術療法。
作家、訳詩家、心理臨床家、映画制作者、演劇制作者として、多方面で活躍。映画「北風と太陽」（文部省選定、第２回イスラエル国際映画祭優秀作品賞受賞、東京国立近代美術館フィルムセンター収蔵）、演劇「ヴェロニカの部屋」、「リサの瞳の中に」（いずれも第５回湯浅芳子賞受賞 ）の制作に携わる。シェークスピア原作「夏の夜の夢」ミュージカル「ミッドサマーナイトドリーム」を公演。（全作品、早稲田大学演劇博物館収蔵）。1999年12月25日、カトリックに改宗。

生活の中に降られる神

― シエナの聖カタリナをとおして ―

小澤悦子

2009年６月25日　初版発行
2017年11月26日　第２刷発行

発　行　者●竹 内 昭 彦
発　行　所●聖母の騎士社
〒850-0012　長崎市本河内2-2-1
TEL 095-824-2080/FAX 095-823-5340
E-mail: info@seibonokishi-sha.or.jp
http://www.seibonokishi-sha.or.jp/

デザイン●山 下 幸 則
製版・印刷●聖母の騎士社
製　　本●篠 原 製 本 ㈱

Printed in Japan
落丁本・乱丁本は小社あてにお送りください。送料は小社負担にてお取り替えします。
ISBN978-4-88216-299-5 C0195

聖母文庫

伊従信子＝編著
わたしは神をみたい

いのりの道をゆく

マリー＝ユジェーヌ神父とともに
マリー＝ユジェーヌ神父は、神が、多くの人々を神との一致にまで導くように、自分を召されたことを自覚していました。
価格６００円（税別）

高橋テレサ＝編著　鈴木宣明＝監修
アビラの聖女テレサと家族

離れがたい結びつきは夫婦・血縁に限ったことではない。縁あって交わることのできた一人一人との絆が大切なのである。それを私は家族と呼びたい。

価格５００円（税別）

レジーヌ・ペルヌー＝著　門脇輝夫＝訳
現代に響く声
ビンゲンのヒルデガルト
12世紀の預言者修道女

音楽、医学他多様な才能に恵まれたヒルデガルト。本書は、読者が著者と同じく彼女に惹かれ、親しみを持てるような研究に取り組むものである。

価格８００円（税別）

﨑濵宏美
石蕗の詩
（つわぶきのうた）


叙階25周年を迎えた著者は、長崎県五島生まれ。著者が係わりを持った方々への感謝を込め、故郷から現在に至る体験をエッセイや詩で綴る。

価格５００円（税別）

ボグスワフ・ノヴァク
真の愛への道
人間の癒しの源であるキリストの受難と復活

名古屋・南山教会主任を務める神言会のポーランド人司祭が著した愛についての考察。愛をまっとうされたイエスの姿から、人間の愛し方を問う。

価格５００円（税別）

聖　母　文　庫

愛の騎士道
水浦久之

長崎で上演されたコルベ神父物語をはじめ、大浦天主堂での奇跡的出会いを描いたシナリオが甦る。在世フランシスコ会の機関誌に寄せたエッセイも収録。　価格600円（税別）

教皇ヨハネ・パウロ物語
水浦征男

「聖母の騎士」誌22記事再録

教皇ヨハネ・パウロ一世は、あっという間に姿を消されたため、その印象は一般にあまり残っていない。わずかな思い出を、本書の記事で辿っていただければ幸いである。　価格500円（税別）

「コヘレト」を読む
山内清海

「空しい」という言葉の連続で埋め尽くされた書が、なぜ『聖書』に収められているのだろうか？　コヘレトの言う「空しさ」の真の意味を探る一冊。　価格500円（税別）

ピオ神父の生涯
ジョン・A・シュグ＝著　甲斐睦興＝訳　木鎌安雄＝監訳

2002年に聖人の位にあげられたカプチン会司祭ピオ神父は、主イエスの傷と同じ五つの聖痕を持っていた。神秘に満ちた生涯を文庫サイズで紹介。　価格800円（税別）

こころのティースプーン（上）
ハビエル・ガラルダ

ガラルダ神父の教話集

東京・雙葉学園の保護者に向けてガラルダ神父がされた講話をまとめました。心の底に沈んでいる「よいもの」をかき回して、生き方に溢れ出しましょう。　価格500円（税別）

聖母文庫

ハビエル・ガラルダ
こころのティースプーン(下)
ガラルダ神父の教話集

イエズス会司祭ガラルダ神父が雙葉学園の保護者に向けて語られた講演録第二弾。心の底に沈んでいる「よいもの」をかき回して、喜びに満ちた生活へ。

価格500円(税別)

田端美恵子
八十路の春

八十路を歩む一老女が、人生の峠に立って永久に広がる光の世界を見つめ、多くの人が神の愛に目覚めてくれることを願いつつ、祈りを尽くして綴った随想。

価格500円(税別)

駿河勝己
がらしゃの里

日々の信仰を大切にし、御旨のうちに生きる御恵みを祈り、ガラシャの歩まれた永遠の生命への道を訪ねながら…。

価格500円(税別)

ムンシ ロジェ ヴァンジラ
村上茂の生涯
カトリックへ復帰した外海・黒崎かくれキリシタンの指導者

彼の生涯の一面を具体的に描写することが私の意図であり、私は彼に敬意を払い、また彼の魂の遍歴も私たち自身を照らすことができるように思います。

価格500円(税別)

平田栄一
「南無アッバ」への道
井上洋治神父の言葉に出会うIII

毎日事あるごとに「南無アッバ、南無アッバ」と、神父様のあの最後の実践にならって、唱えることかもしれません。

価格800円(税別)